한비네 집 하마 입 이유식

한비네 집
하마 입
이유식

귀여운 엘비스
이현정 지음

미호

Prologue

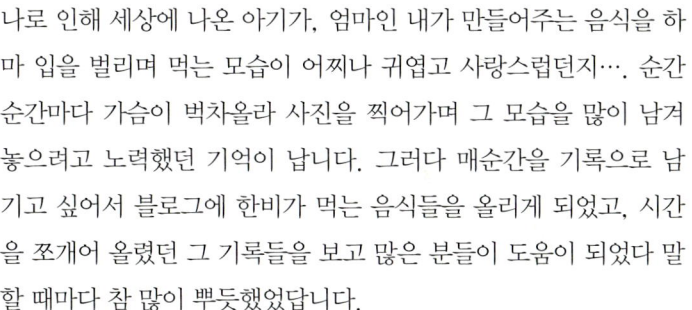

몇 년 전 한비의 이유식을 만들며 정말 부지런했던
그때, 밤잠을 줄여가며 여러 종류의 이유식을 만들어
냉동실에 쟁여두면 그렇게 뿌듯할 수가 없었어요.

나로 인해 세상에 나온 아기가, 엄마인 내가 만들어주는 음식을 하
마 입을 벌리며 먹는 모습이 어찌나 귀엽고 사랑스럽던지…. 순간
순간마다 가슴이 벅차올라 사진을 찍어가며 그 모습을 많이 남겨
놓으려고 노력했던 기억이 납니다. 그러다 매순간을 기록으로 남
기고 싶어서 블로그에 한비가 먹는 음식들을 올리게 되었고, 시간
을 쪼개어 올렸던 그 기록들을 보고 많은 분들이 도움이 되었다 말
할 때마다 참 많이 뿌듯했었답니다.

한비를 키우며 다른 건 몰라도 먹는 것 하나만큼은 제대로 신경 쓰
고 싶었어요. 조금 귀찮고 힘들 때마다, 아이가 앞으로 커나갈 건
강한 밑거름이라 생각하며 마음을 다잡았어요. 매순간 건강한 식
재료로 건강한 음식을 만들어 먹이려고 다짐하며, 감사하게도 그
렇게 키울 수 있었던 것 같아요.

그때부터 지금까지, 처음 엄마가 되었던 마음가짐대로 건강한 먹거리로 키우려고 노력했고, 그렇게 키운 한비가 벌써 7살이 되었답니다. 감사하게도 큰 병치레 없이 몸도 마음도 건강하게 자란 한비를 보고 있으니 그저 감사할 뿐이지요.

하지만 이런 저도 처음 이유식을 할 때는 굉장히 부담이 되었답니다. 넘쳐나는 이유식 레시피들을 검색해보고 있자니 너무 어려운 일인 것처럼 느껴졌었죠. 하지만 시간이 지나 생각해보면, 어려운 일도 아니고 겁먹을 필요도 없더라고요. 아이의 음식을 해서 먹이는 건 장기전이에요! 부담스러운 마음을 조금 가볍게 털어내고, 꾸준히 오랫동안 아이의 음식을 만들 수 있는 마음이 중요한 것 같아요.

이 책은 그런 마음으로 준비했어요. 처음 이유식을 만드는 모든 엄마들이 떨리고 두려운 마음 대신 기쁘고 즐겁게 아이 음식을 준비할 수 있도록, 그리고 최대한 건강한 식재료로 건강한 음식을 만들 수 있도록, 꼭 필요한 레시피와 팁을 담으려고 노력했답니다. 사실 이유식 책이 나오길 고대하고 기다려주신 수많은 엄마들의 응원이 아니었다면, 책을 만드는 게 좀 더 어렵고 힘들었을 것 같아요.

일 년이라는 시간 동안 사진 찍고 레시피를 체크하며 책을 준비하는 동안, 저는 다시 초심으로 돌아가 먹거리의 중요성을 다시 한 번 생각하게 되었답니다. 이 또한 감사한 일이에요.

이 책을 보며, 아기 음식을 만들고 계실 모든
엄마들에게 지금 충분히 잘하고 계신 거라고
토닥토닥 말씀드리고 싶어요. ^^

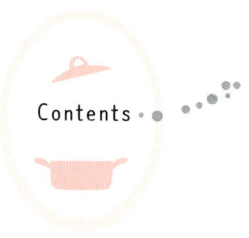

Contents

Prologue * 4

오늘은
뭐
먹어요?

PART 1.
이유식 준비하기

PART 2.
초기이유식

PART 3.

중기 이유식

중기 이유식 : 입자 크기에 변화를 주는 단계 * 101

맘마
~
맘마
~

PART 4.

후기 이유식

후기 이유식 : 진밥을 먹는 단계 * 169

PART 5.

완료기 이유식

완료기 이유식 : 돌 이후 단계 * 233

더
먹고
싶어요
~

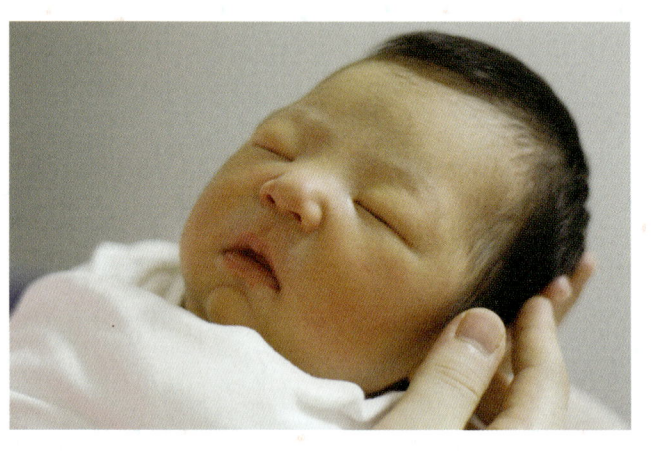

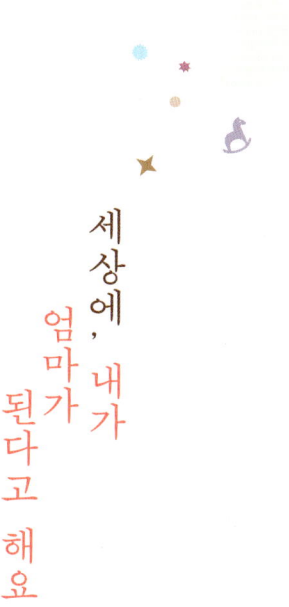

세상에, 내가 엄마가 된다고 해요

임신을 하면 다른 눈으로 세상을 보게 됩니다. 이제껏 알지 못했던 또 다른 세상이 펼쳐지는 거죠. 산부인과와 친숙해지고, 임부복을 사게 되고, 아기 방을 꾸미고…. 그리고 또 보건소가 있을 거예요.

저 역시 한비를 임신했을 적, 제가 살던 지역의 보건소를 틈틈이 다녔던 기억이 있어요. 임신 전엔 보건소 근처에도 가보지 않았던 제가, 임신을 하고 인터넷으로 이것저것 알아보기 시작하면서 보건소 사이트도 들어가 보고 보건소도 다니기 시작한 거죠.

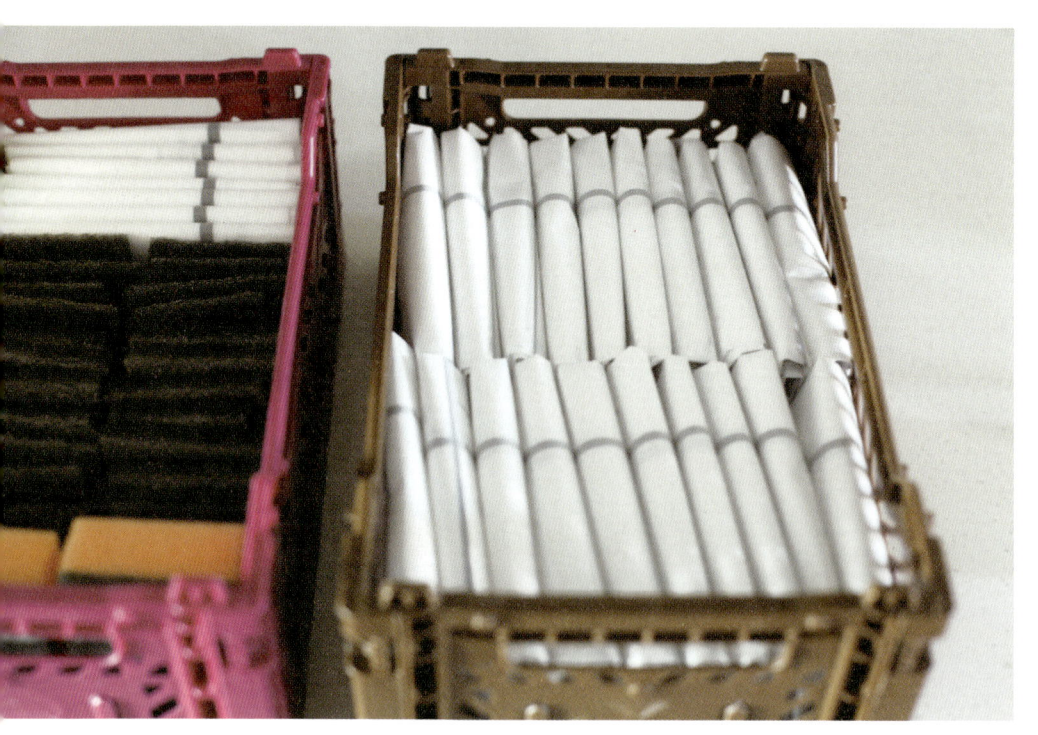

알고 보면 보건소에서 이용할 수 있는 게 꽤 많아요. 엽산제와 철분제도 무료로 받을 수 있고 피검사와 같은 기본 검사도 할 수 있답니다. 보건소마다 검진 항목이 조금씩 다르고 선착순이거나 유료 항목도 있으니 거주하는 해당 보건소에 문의 후 야무지게 이용해보세요.

아, 그리고 유축기와 같이 무료로 대여할 수 있는 것들도 미리 신청해두면 좋아요. 저는 한비를 낳기 전에 보건소에 방문해서 유축기 대여를 신청했었는데요, 현재는 온라인으로 해당 보건소 사이트에서 예약이 가능하다고 하니 빠짐없이 이용하면 좋겠죠.

이렇게 하나둘씩 새로운 세상에 익숙해지는 일, 그게 바로 엄마가 되는 과정이 아닐까 싶어요.

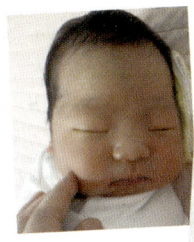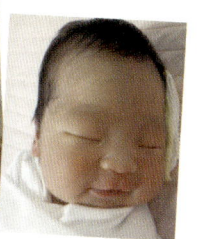

음냐, 음냐~
맘마 주세요~

아기가 태어나기 전,
꼭 필요한
용품 준비

아기가 좀 크고 나니, 사람들 말만 듣고 무조건 따라 샀다가 사용하지 않는 제품들이 너무 많다는 걸 알게 되었어요. 아기가 태어나기 전 딱 필요한 제품 외엔, 그때그때 상황에 맞게 구입해도 충분해요. 우리나라는 택배왕국이잖아요~! 하루 만에 다 배달되는 세상이라 급하게 서둘러 준비할 필요가 없어요. 너무 초기에 전부 준비해버리면 더 좋은 걸 뒤늦게 발견하는 상황이 생겨버린답니다.

그럼, 아기를 낳기 전 어떤 걸 준비해야 하는지 한 번 체크해봐요.

아기가 태어나기 전
준비해두면 좋은 용품들

아기사랑세탁기 : 혹시나 고민 중이시라면 저는 '무조건 사세요~' 라고 말씀드리고 싶어요. 개인적으로는 한비가 태어나기 2달 전쯤 구입해서, 준비해둔 용품들을 빨기 시작하며 사용했는데요, 시간 절약, 물 절약으로는 정말 최고라 생각해요. 가장 중요한 건, 세척력!!!! 많이 만족스럽게 사용 중이고, 한비가 다 큰 지금도 너무 잘 사용하고 있어요.

배냇저고리 : 여름에 태어나는 아가들은 배냇저고리를 조금 넉넉하게 준비해두세요. 최소 4벌 정도는 준비해두는 게 좋아요. 아가들은 잘 게워내고, 땀 흘리고, 자주자주 갈아입혀야 하는데, 그럴 때 가장 편하게 입힐 수 있는 옷이 배냇저고리였어요.

겨울에 태어나는 아가들은 면 소재로 된 올인원 형태의 옷을 준비하면 되는데, 요즘은 실내난방이 잘 되어있기 때문에, 저는 두꺼운 옷 소재보다 얇은 면 소재의 옷을 더 잘 입혔지요. 개인적으로 시원하게 키우는 걸 선호하는 편이기도 하구요.

침구 : 태어나기 전 대부분 준비하는 게 아기 침대인데요. 보통 첫 아기의 경우 디자인이 예쁜 침대를 선호해요. 시간이 지나 돌이켜

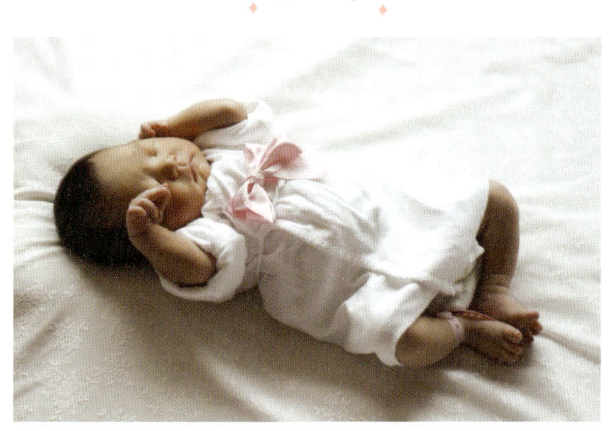

보면, 정말 아기 침대를 유용하게 사용하는 주변 엄마들은 드문 편이고, 디자인이 예뻐서 비싼 아기 침대를 사고 뒤늦게 후회하시는 분들도 많아요.

아기가 울면 바로 안아서 재우고, 눕히면 또 울고, 다시 안아서 재우고…. 이런 과정을 반복하다 보면 침대에서 재울 수 있는 시간보다 엄마 옆에서 함께 재우는 시간이 더 많아지고, 자연스럽게 엄마와 함께 바닥 생활을 하게 되는 거지요.

바닥 생활을 할 아기라면, 바닥에 깔아둘 라텍스나 두꺼운 요, 가벼운 거즈이불, 그리고 방수요 하나 정도를 구입해두면 유용하실 거예요. 거즈이불은 아기들 땀도 금방 흡수하고 속싸개 대용으로도 사용이 가능하거든요. 저는 거즈이불을 여러 개 구입해두고 정말 잘 사용했고, 어린이집 낮잠시간에 보내기도 안성맞춤이어서 지금까지도 너무 잘 사용하고 있답니다.

하지만 수면교육을 아기 때부터 계획하신다면, 아기 침대를 정말 강력 추천해요. 물론 단박에 수면교육을 성공하는 게 굉장히 낮은 비율이긴 하지만, 저 같은 경우는 한비를 키우며 수면교육을 오랜 시간에 걸쳐 했던 터라 아기 침대를 사지 않은 걸 조금 후회하기도 했었거든요. 수면교육을 꼭 무조건 할 거다, 라고 생각할 경우엔 아기 침대는 무조건 필요한 아이템이에요.

유모차 : 첫 아이라면 임신했을 때 가장 고민을 많이 하고 매일 고민하게 되는 아이템이 유모차일 거예요. 제가 그랬었거든요.^^;;; 베이비페어에 가서 브랜드마다 밀어보며 '와, 예쁘다, 좋다, 너무 갖고 싶다'를 연발했었어요. 특히 디자인이 예쁜 고가의 유모차는 모든 엄마들의 선망의 대상이지요. 그런데 지금 다시 첫 아기를 가졌을 때로 돌아간다면, 고민 없이 실용적인 유모차를 구입할 것 같아요. 접었다 펼치기가 편한 것, 부피가 크지 않은 것, 짐을 걸어도 뒤로 확 젖혀지지 않을 것, 그리고 핸들링이 좋을 것 정도가 기준이 되는 유모차에요.

저의 첫 유모차는 부가부 카멜레온, 두 번째 유모차는 베베꽁뽀였는데요, 베베꽁뽀 유모차는 정말 바퀴가 닳을 정도로 부지런히 사용했었답니다. 앞서 이야기한 저의 기준을 모두 만족시킬 뿐만 아니라 아이가 잠들면 180도로 눕힐 수 있었다는 점도 좋았거든요.

제가 사용해본 유모차는 두 가지지만, 실용적이고 좋은 유모차들, 가격 대비 훌륭한 유모차들이 정말 많은 것 같아요. 유모차를 고를 때 생각하는 기준을 딱 정한 뒤, 그 기준에 맞는 실용적인 유모차를 구입해보세요. 아이를 낳기 전의 기준과 아이를 낳고 나서 실생활에서 사용할 때의 기준은 많이 다르거든요.

카시트 : 제일 신중하게 구매했던 것 중 하나가 카시트였어요. 무조건 아이의 안전이 우선이니까요. 카시트 박사가 될 만큼 남편

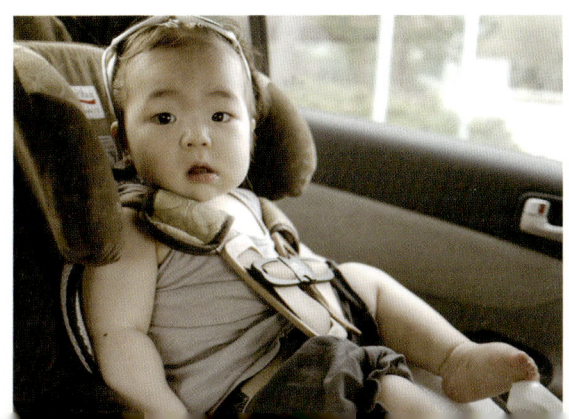

이 부지런히 찾아보고 또 찾아보고 하며 골랐던 기억이 나네요. 그렇게 한비가 태어나기 전에 구매해두고 한비가 태어난 뒤 가장 먼저 사용했던 게 카시트였답니다.

저희가 골랐던 기준은 iso fix 기능이 꼭 있어야 할 것 , 그리고 아이의 머리를 보호하는 곳이 안전해보일 것. 이 두 가지를 기준으로 고르다 보니, 사실 iso fix 기능이 있는 카시트가 한정적이라 기준이 많이 좁혀지긴 했어요.

지금 7세가 된 한비는 주니어용으로 2년 전 갈아탔는데, 주니어용 카시트를 고르면서도 기준은 베이비 때의 기준과 동일하게 iso fix 기능이 있는 것과 머리를 보호하는 곳이 가장 안전한 것으로 골랐답니다.

벤타 & 온습도계 : 한비를 키울 때 중요하게 생각했던 건 온도와 습도였어요. 그래서 온습도계는 필수였지요. 그리고 건조한 가을과 겨울에 우리집 습도를 책임져주었던 게 바로 벤타입니다. 용량이 큰 벤타를 구입해서 방에 넣어두고 피부가 촉촉해질 수 있는 습도로 조절해주었어요. 벤타를 산 이후로 건조해서 코가 막혀 잠들지 못하는 일이 완전히 해결되었고, 작은 볼에 화장솜을 올려두고 물을 충분히 적신 뒤 천연 아로마 오일 한두 방울을 떨어트려 벤타 옆에 두면 편안한 향기가 퍼져 좋았어요. 모기가 싫어하는 시트로넬라 오일을 뿌려두면 모기로부터 해방이 되기도 하지요.

바디용품 : 목욕용품은 Earth Mama Angel Baby, Angel을 주로 사용했고, 아이허브에서 늘 미리 주문해두지요. 보습력 강한 로션류 역시 시어버터, 호호바오일 종류로 아이허브에서 구입해서 사용했답니다.

아기 세제 : 순한 아기용 세탁세제는 주로 아이허브에서 구매하거나 런드레스 베이비세제를 이용해요.

수유복 : 편하게 수유하기 위해서는 단추가 있는 수유 실내복을 미리 구입해두세요.

수유쿠션(D자형) : C자형 수유쿠션과 D자형 수유쿠션 중 개인적으로는 D자형이 팔목이 덜 아프고 편하게 수유할 수 있어 좋았어요. C자형 수유쿠션을 사용하다가 D자형을 사용해보고 정말 신세계를 만난 기분이었거든요.

거즈손수건 : 아기용 물티슈를 사용하지 않았던 저는 무형광 거즈손수건을 다용도로 활용했어요. 그래서 거즈손수건은 많으면 많을수록 좋아요. 저는 50장을 구매해서 정말 잘 사용했었지요.

손톱가위 : 아기가 손을 움직이다가 귀나 얼굴에 상처를 낼 수 있기 때문에, 아기용 손톱가위가 필요해요.

가장 잘 사용했던 제품이 돌쯤 구입했던 오플라 욕조인 것 같아요. 너무 늦게 산 게 아닌가 싶었지만, 그래도 구입한 이후로 몇 년간 정말 잘 사용했거든요. 아래로 내려갈수록 안정감이 있는 디자인이라 아이를 앉혀놓고 물을 받아놓아도 불안하지 않아서 좋았고, 디자인도 예쁘잖아요. ^^

나 물놀이 또 할래요!

하이체어 또한 처음 구입할 때 굉장히 고민하고 고민해서 구입했었어요. 나무로 된 심플한 마터나 하이체어를 구입해서 몇 년 후엔 앞쪽 바를 없애고 의자처럼 사용했지요. 요즘은 더 예쁘고 심플한 디자인도 많이 나오고 있는 것 같아요. 오래 써야 하는 제품이니, 엄마 눈에 심플하고 예쁜 디자인으로 고르는 것도 나쁘지 않은 거 같아요.

아이가 조금 더 크게 되면 어떤 영양제를 먹일지도 고민이 많아지는데요, 저는 굿데이레밍에서 영양제를 구입해 두 돌 이후부터 지금까지 꾸준히 먹이고 있어요.

유산균이 초코볼로 되어있는 점과 오메가 3가 비린내 나지 않는 젤리 형태로 되어있어 거부감이 없는 점이 좋아요. 한비가 너무 좋아해서 몇 년 동안 꾸준히 먹이고 있어요.

굿데이레밍에서 판매되는 모든 제품이 다 너무 좋지만, 특히나 허니콤은 지금까지 먹어보았던 허니콤과는 완전히 퀄리티가 달라 꾸준히 구입해서 먹고 있어요.

판매처 : lovelatte78.blog.me
www.gooddayreming.com

아기 낳으러 갈 때
필요한 가방 챙기기

예정일 한 달 전부터는 매우 분주해집니다. 언제 아기가 나올지 모르기 때문에 아기가 태어나면 집으로 와 바로 생활할 수 있는 환경도 만들어둬야 하고, 아기 옷도 모두 삶아서 준비해둬야 하고, 중요한 출산가방도 준비해야 하니까요. 아기 낳으러 갈 때 가져갈 출산가방에 꼭 필요한 리스트를 체크해보세요.

- 수유패드
- 세면도구(빗 / 부드러운 칫솔 / 치약 / 폼클렌징 / 가글 / 스킨 / 로션 / 아이크림 / 면봉 / 마스크팩)
- 수유브라 / 면팬티
- 카메라
- 산모용 레깅스 / 수면양말
- 면파자마 긴 것
- 손목보호대
- 핸드폰충전기 / 카메라충전기
- 텀블러(따뜻한 물을 수시로 마시기 좋음)
- 머리띠 / 머리끈
- 물티슈

출산 후
사도 늦지 않은 물건

출산 후에 하나씩 준비해도 되는 아이템은 많지만, 그 중에서도 미리 준비해야 될지 가장 고민되는 게 분유 수유 관련 용품이 아닐까 해요. 아기가 태어나면 당연히 모유 수유만 하겠다고 결심해도 현실은 그렇지 못한 경우도 많으니까요. 그 외에도 미리 사야 하나 말아야 하나 고민되는 것들이 있을 텐데요, 당황하지 말고 하나씩 체크해보세요.

젖병 & 분유 : 우리 아가가 모유 수유를 100% 할지, 혼합 수유를 할지, 분유 수유를 할지는 낳기 전까지 절대 몰라요. 100% 완모 직수를 하고 싶어도 못할 상황이 생기게 되거든요. 전 다행히 젖몸살 없이 모유가 잘 나와서 조리원 동기들의 부러움을 받는 축복받은 산모였지만, 고민 끝에 하루에 한 번 분유 수유를 했답니다.

100% 완모 직수 물론 좋지만 하루에 한 번 정도는 유축해놓은 모유로 아가에게 먹이는 것도 좋은 것 같아요. 세상 일 어찌될지 누가 알아요. 그렇게 잘 나오던 젖이 뚝 끊겼는데 아가가 젖병을 '퉤~' 하고 거부해버리면 우리 아가는 뭘 먹고 사나요.

우리 한비는 엄마 젖만 강하게 좋아했던 터라 조리원에서 유축해놓은 모유 먹일 때 신생아실 선생님들도 어렵게 젖병을 물렸다 하셨어요. 우리 한비 젖병 물리는 방법을 연구해서 저에게 알려주셨을 정도였는데, 조리원 퇴실할 때 주셨던 엔젤 젖병을 집에 와서 물려보니 바로 퉤! 아가들도 성격 있네요. ^^;; 바쁘게 인터넷을 검색해보니 피죤에서 나오는 모유실감 젖꼭지가 좋다네요. 엄마 젖이랑 가장 비슷하게 생겨서 유두 혼동이 없다고요. 바로 구입, 써본 결과 한비에게도 잘 맞았던 것 같아요.

젖병 사실 때 너무 작은 용량 사지 마세요. 200~240ml가 적당한 것 같아요. 이것도 작아질 날이 오겠지만 지금은 아직 아가니까 괜찮아요. 그리고 유리 젖병으로 해야지, 라고 당연히 마음먹고 있었는데 유리 젖병 포기했어요. 제 팔목도 나가겠고 아가에게도 위험할 것 같았거든요. 아기 낳고 팔목 힘이 없어지니 저도 모르게 물건을 손에서 놓칠 때가 종종 있었어요. 아기한테 먹이다가 젖병을 놓치면⋯ 생각만 해도 아찔. 전 하루에 한 번만 먹이니 젖병 2개로 잘 사용했답니다. 한 개만 있으면 되지 않겠냐고요? 아니요. 사용하고 바로바로 씻어버리면 좋은데 아기 키우다 보면 제 마음대로 되는 건 별로 없거든요. 전 그래서 2개 구입했어요.

이 모든 것들이 현실로 닥쳤을 때 빠르게 머릿속으로 계산해보고 생각해보며 결정지었던 것 같아요. 하루 이틀이면 택배가 도착하는 세상에 살다 보니, 미리미리 준비하지 않아도 괜찮을 물건들은 아기를 키우면서 현실적으로 생각해 구입하게 된 거죠.

엄마들은 아빠가 군대 다녀온 이야기 밤새 하는 것처럼 수유에 관한 한 할말이 많은 사람들이에요. 저 역시 엄마니까, 마찬가지죠. 누군가 그랬어요. 수유는 남편도 함부로 관여하기 어려운 이야기라고. 모든 선택은 엄마 몫이라 생각해요. 공부하고, 귀 기울여 들어야 해요. 그렇다고 귀가 얇아져서 이 이야기도 솔깃, 저 이야기도 솔깃, 이건 말구요. ^_^

젖병세정제 & 젖병 닦는 솔

유축기 : 유축기는 미리 보건소에 대여 신청을 해두면 좋아요.

모유 수유 저장 지퍼백 : 너무 많이 사지는 마세요. 필요한 만큼 그때그때 구입하세요. 혹시라도 구입해두고 남은 수량이 있다면, 이유식 시작한 뒤 이유식이나 육수를 넣어 얼려 보관하는 용도로 사용하면 좋아요.

수유등 : 새벽 수유할 때, 눈이 부시지 않은 작은 수유등이 있으면 편해요.

전기주전자 : 내부가 스테인리스로 된 전기주전자를 구입하세요.

기저귀 : 조리원에 있다 보면 여러 브랜드 기저귀를 많이 사용하게 되는데요, 아기에 따라 딱 맞는 기저귀들이 조금씩 달라요. 한비의 경우 허벅지가 아주 통실한 베이비여서, 보통의 아기들이 편해하는 기저귀와는 조금 다른 브랜드를 편하게 착용했네요.

아기띠 : 에르고 제품을 사용했었는데, 아기띠 없이 아이를 키우지는 못했을 것 같아요.

힙싯 : 한비가 허리를 꼿꼿이 세워 힘을 줄 수 있을 때쯤 구입해서 정말 잘 사용한 제품 중 하나였답니다. 힙싯을 착용할 때는 허리에 공간이 남지 않도록 꽉 조여 허리에서 뜨지 않게 착용해야 허리가 아프지 않아요.

바운서 : 한비의 경우 허리를 가누지 못할 때 바운서 덕을 매우 톡톡히 보며 키웠었어요. 바운서에 앉혀두고 화장실에서 샤워를 한다던가, 볼일을 보기도 하고, 주방 일을 하기도 했지요.

아기가 태어나고, 조리원에서 나와 집으로 돌아오던 첫 날.
그때의 그 기분은 아직도 느낄 수가 있어요.
모든 게 다 서툴렀고, 하나하나 조심스러웠던 그때가요.

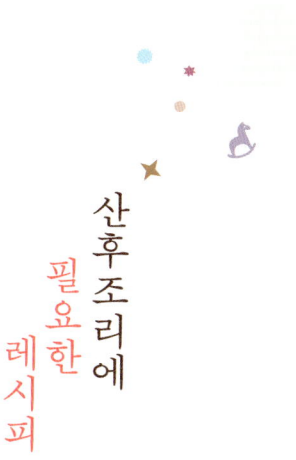

산후조리에
필요한
레시피

아기를 키우다 보면, 정작 내 밥을 해먹을 시간이 턱없이 부족해요. 너무 피곤하기도 하고 힘들기도 하구요. 그래도 수유를 할 경우, 양질의 음식을 잘 챙겨먹어야 하잖아요. 저는 쉽게 빨리 만들 수 있는 한 그릇 음식을 주로 먹었고 미역국이 질릴 때는 심심한 감잣국이나 콩나물국 같은 걸 끓여먹기도 했어요. 쉽게 만들어 먹을 수 있는 레시피 몇 가지를 알려드릴게요.

간단히 만들기 좋은
한 그릇 요리

제가 책마다 강추했던 멀티 육수는 항상 시간될 때마다 잔뜩 끓여 두세요. 멀티 육수만 있어도 국이나 한 그릇 국밥 같은 것 정말 맛 있고 쉽게 끓일 수 있거든요.

압력솥 4.5리터 분량을 기준으로 얘기해드릴게요. 솥에 물 12컵, 디포리 40그램, 북어대가리 3~4개, 양파 1개, 다시마 10그램을 모두 넣고 중불에 끓이세요. 추가 올라오면 불을 끄고 김이 모두 빠지면 진한 육수가 완성됩니다. 압력솥은 단시간에 진한 육수를 만들 수 있는 장점이 있지만, 없어도 괜찮아요! 압력솥이 없다면 큰 냄비에 재료를 모두 넣고 센불에서 끓이세요. 팔팔 끓으면 뚜껑을 닫은 다음 중약불에서 1시간가량 두고, 색이 진하게 우러나오면 완성이에요.

한번에 많은 분량을 만든 뒤, 김치냉장고에 한 통 넣어두고 나머지는 1리터 정도씩 소분해서 냉동실에 넣어둬요. 뭐든 그때그때 만들면 가장 좋겠지만, 아기 키우느라 머리 감을 시간도 없는 우리 잖아요. ^^

아이를 돌보느라 바쁘다 보면 엄마 밥에 소홀해지기 쉽지만, 간단한 한 그릇 레시피로 좀 더 손쉽게 식사를 챙겨보세요.

홍합미역국

불린 미역 1줌, 초피액젓 2큰술, 다진 마늘 1큰술, 참기름 2큰술, 미역이 잠길 정도의 쌀뜨물, 냉동 홍합살 1봉지

- 불린 미역은 물기를 제거하고 초피액젓 1큰술을 넣어 조물거린 뒤 30분가량 두세요. 쌀뜨물은 밥을 준비하며 쌀을 두 번 깨끗이 씻은 뒤 세 번째 물을 받아두면 돼요.
- 참기름을 두른 뒤 다진 마늘을 약불에서 달달 볶다가 불린 미역을 넣고 볶아주세요. 쌀뜨물을 미역이 잠길 정도보다 조금 더 부어준 뒤 센불에서 팔팔 끓입니다. 끓고 나면 중약불로 줄인 뒤 뚜껑을 닫고 1시간가량 푹 끓여주세요. 뽀얀 국물이 우러나온 미역국에 초피액젓 1큰술을 넣어 간을 맞추고 냉동 홍합을 해동시켜 넣어 한소끔 더 끓이면 완성.

tip 초피액젓은 아기 음식 첫 간을 할 때 사용했던 제품인데, 이제는 어른 음식에도 없어서는 안 될 만큼 유용하게 사용하고 있어요. 초피액젓이 없다면 어간장이나 국간장을 이용하세요. 홍합은 싱싱한 홍합을 사용해도 괜찮지만, 저는 유기농 매장에서 냉동 홍합과 냉동 굴을 늘 구입해둬요.

성게미역국

쌀뜨물 2리터, 불린 미역 80그램, 참기름 1큰술, 다진 마늘 1큰술, 성게알 180그램(성게알 캔 2캔), 초피액젓 2큰술

- 불린 미역은 물기를 제거하고 초피액젓 1큰술을 넣어 조물거린 뒤 30분가량 두세요. 쌀뜨물은 밥을 준비하며 쌀을 두 번 깨끗이 씻은 뒤 세 번째 물을 받아두면 돼요.
- 두꺼운 냄비에 참기름을 두르고 다진 마늘을 넣어 약불에서 달달 볶다가 미역을 넣고 볶아주세요. 그 다음 쌀뜨물을 넣어 센불에서 끓이세요. 팔팔 끓으면 약불로 줄이고 뚜껑을 닫아 한 시간가량 끓여요. 한 시간 뒤 뚜껑을 열고 성게알을 넣어 한소끔 끓인 뒤 초피액젓으로 간을 맞추세요.

감잣국

멀티 육수 7컵, 감자 2개, 양파 1/2개, 다진 마늘 1/2큰술, 대파 흰 부분 1대, 달걀 1개, 초피액젓 1큰술, 소금 한꼬집

- 감자는 한입 크기로 삐져 썰고 양파와 파는 어슷 썰어요. 달걀은 볼에 잘 풀어두세요.

- 냄비에 육수를 넣어 팔팔 끓으면 감자와 초피액젓을 넣고 한소끔 끓여주세요. 양파와 다진 마늘을 넣어 한소끔 끓으면, 대파와 소금을 넣어 끓이고, 마지막에 달걀 풀어둔 것을 휘휘 저어 끓여요.

감자미역미소국

멀티 육수 5컵, 자른 미역 3그램, 감자 1개, 떡볶이떡 4개, 미소 1큰술

- 자른 미역은 물에 불리고 감자는 삐져 썰어요. 떡볶이떡은 한 입 크기로 잘라주세요.
- 멀티 육수에 감자를 넣어 팔팔 끓인 뒤 감자가 푹 익으면 불린 미역과 떡볶이떡을 넣어 한소끔 끓여주세요. 분량의 미소를 잘 풀어 팔팔 끓으면 완성.

성게비빔밥

성게알 90그램, 밥 1그릇, 참기름 1/2큰술, 조미 김가루 1/2컵, 참기름·깨 소금 적당량

- 볼에 따뜻한 밥을 담고 성게알을 듬뿍 올린 뒤 조미 김가루를 듬뿍 올려주세요. 깨소금과 참기름을 뿌리면 완성이에요. 그때그때 냉장고에 있는 채소들을 채 썰어서(깻잎, 양배추, 상추, 당근, 오이 등) 같이 넣어도 좋아요.
- 성게알은 싱싱한 게 가장 맛있지만, 성게알을 너무 좋아하는 저는 캔 성게알을 잔뜩 구매해서 손쉽게 해먹어요.

- 인터넷으로 주문한 손질 냉동 멍게에 생채소 잔뜩 넣고 초고추
  장과 김을 듬뿍 넣어 비벼 먹는 한 그릇 음식도 추천합니다.

와우맘 장아찌

한 그릇 음식을 챙겨 먹을 때, 함께 곁들여 먹기 좋은 장아찌입니
다. 짜지 않아 곁들여 먹기 좋아서 떨어지지 않게 냉장고에 늘 쟁
여두게 되는, 개인적으로 너무 좋아하는 장아찌예요.
아! 저는 특히 새우장을 좋아해요. 새우 껍질을 까고 작게 잘라 따
뜻한 밥 위에 듬뿍 올리고, 달걀노른자와 참기름, 김가루, 깨를 듬
뿍 올려 비벼 먹어보세요.
www.wowmom.kr

굴부추수제비

굴 1컵, 감자수제비(혹은 떡국떡) 한주먹, 부추 다진 것 1/4컵, 수제비가 잠길 만큼의 멀티 육수, 달걀 1개, 초피액젓 1작은술, 참기름 1작은술, 김가루 적당량, 깨소금 약간

- 멀티 육수가 팔팔 끓으면 감자수제비를 넣고 끓여줍니다. 수제비가 익어가면 굴을 넣고 한소끔 끓인 뒤, 달걀을 깨트려 넣고 휘휘 저어주세요. 다져놓은 부추와 초피액젓을 넣어 한소끔 끓인 뒤 참기름을 넣어 마무리하고, 접시에 담아낸 뒤 깨소금과 김가루를 뿌려 먹어요.

tip 냉동 굴을 이용해도 좋아요(두레생협).

콩나물국밥

멀티 육수 4컵, 콩나물 한줌, 대파 흰 부분 1대, 손질오징어(냉동) 1/2마리, 새우젓 1작은술, 달걀 1개, 참기름 약간, 밥 1공기

- 대파는 어슷 썰고 냉동 오징어는 봉지째 찬물에 담가 해동시켜요. 콩나물은 한 번 데쳐야 하는데요, 물을 끓인 뒤 소금 한꼬집과 콩나물을 넣고 뚜껑을 덮은 다음 6분간 끓이세요. 그 다음 찬물에 헹궈 물기를 빼둬요.
- 냄비에 육수를 부어 끓으면 데친 콩나물과 오징어를 넣어 한소끔 끓인 뒤, 달걀을 넣고 모양 그대로 끓이다가 대파를 넣어요. 그릇에 밥과 끓인 재료를 모두 부어주고 참기름을 넣어 마무리해요. 취향에 따라 새우젓과 깨 등을 곁들여 먹어요.

저염명란 달걀말이

달걀 5개, 미림 2큰술, 저염명란 3큰술, 무 5 cm 1조각, 오일 적당량

- 달걀은 분량의 미림을 넣어 잘 저어주고, 무는 강판에 갈아두세요.
- 달걀말이 팬을 예열한 뒤 오일을 두르고 달걀물을 1/3가량 부어주세요. 달걀물을 부어준 뒤 뒤지개의 모서리를 이용해 달걀물을 동글동글 고루 저어줍니다. 달걀물이 70% 가량 익으면 말아주고 오일을 조금 두른 뒤 남은 달걀물을 1/2가량 부어주세요. 마찬가지로 뒤지개의 모서리를 이용해 달걀물을 동글동글 고루 저어줍니다. 다시 달걀물이 70% 가량 익으면 말아주고 오일을 조금 두른 뒤 남은 달걀물을 모두 부은 다음, 뒤지개의 모서리를 이용해 달걀물을 동글동글 고루 저어줍니다. 이제 70% 가량 익으면 저염명란을 고루 올려주고 말아서 마무리해요. 불을 끄고 잔열로 나머지 달걀을 익힌 다음, 먹기 좋은 크기로 자른 뒤 갈은 무를 곁들여 먹어요.

얇은 돼지고기 볶음

대패삼겹살 600그램, 설탕 1큰술, 양조간장 1큰술, 다진 마늘 1큰술, 청경채 4개, 쪽파 2줄

- 대패삼겹살은 설탕을 넣어 30분가량 재워두고, 청경채는 길이로 4등분하며, 쪽파는 잘 다져주세요.
- 설탕에 재워둔 삼겹살에 양조간장과 다진 마늘을 넣어 버무린 뒤, 불에 달군 웍에 삼겹살을 펼쳐 넣고 볶아주세요. 삼겹살에서 나오는 기름은 따라 버리고, 바싹 익힌 삼겹살에 청경채를 넣어 한 번 더 센불에 볶아줍니다. 접시에 담은 뒤 쪽파를 듬뿍 뿌려먹어요.

tip 너무 간단하고 맛있는 레시피에요. 미리 만들어두고 소분해서 냉동실에 넣어두고, 재빨리 볶아 드세요. 포인트는 설탕에 미리 30분간 재워두는 거예요.

아보카도 오픈샌드위치

잘 익은 아보카도 얇게 슬라이스한 것, 깜빠뉴 1개, 허니콤·소금·후추·고추씨후레이크·올리브오일 적당량

- 빵 위에 아보카도를 펼쳐 올리고 소금과 후추, 고추씨를 갈아 올려요. 올리브오일을 뿌리고, 허니콤을 곁들여 먹어요. 생파슬리가 있다면 흩뿌려도 좋고 삶은 달걀이 있다면 얇게 슬라이스해서 함께 곁들여도 좋아요.

콤부차

늘 피곤하고, 늘 기운이 없고, 면역력이 많이 떨어졌을 때쯤 알게 된 콤부차입니다.

탄산수를 좋아하는 저는 개인적으로 레몬맛 콤부차가 너무 맛있어서, 한 번 구입할 때 박스로 구입해서 하루에 한 병은 잊지 않고 마시려고 노력해요. 심지어 제가 좋아하는 유기농 제품이예요. http://wonderdrink.kr/

입맛 찾아주는
심플 샐러드와 드레싱

샐러드용 채소를 일주일 먹을 분량으로 구입한 뒤 깨끗이 씻고, 샐러드스피너를 이용해 물기를 완벽히 제거해주세요. 그리고 한 번 먹을 분량씩 소분한 뒤 김치냉장고나 냉장고에 보관합니다.

샐러드용 채소를 소분할 때, 달걀도 3~4일 먹을 분량을 한번에 삶아놓고 껍질을 까서 밀폐용기에 넣어두면 좋아요. 대추토마토도 한 번 먹을 분량씩 소분해두고, 닭가슴살이나 냉동 새우도 쪄서 먹기 좋게 소분해두세요. 냉동 새우는 냄비에 넣어 레몬즙을 뿌린 뒤 새우가 가지고 있는 수분만으로 약불에 짧게 쪄내세요.

번거로워 보이지만 일주일에 한 번 잠깐 시간투자해서 이렇게 만들어두면 매일매일 섬유질을 섭취할 수 있어 좋답니다.

드레싱은 시판 드레싱 중 입에 맞는 종류를 몇 가지 구입해서 냉장고에 넣어두고 먹어도 나쁘지 않아요. 저도 평상시엔 기본 샐러드용 채소와 토마토, 달걀, 새우나 닭가슴살 정도를 올려 시판 드레싱을 휙 뿌려 먹거든요.

아! 가끔 맛있는 샐러드가 먹고 싶을 때 손쉽게 만들 수 있는 샐러드 하나 알려 드릴게요. 낫또(풀무원) 한 팩을 예쁜 접시에 담고 마를 갈아서 얹으세요. 그리고 싱싱한 무항생제 달걀노른자 하나를 올리고 낫또에 들어있는 맛간장을 뿌려주세요. 취향에 맞게 와사비를 조금 곁들여도 좋아요. 마지막으로 김가루와 쪽파를 듬뿍 올려서 차갑게 먹으면 건강한 낫또 마 샐러드가 완성됩니다!

　이 밖에도 간단히 만들어서 입맛 따라 골라 먹기 좋은 드레싱 몇 가지를 소개해드려요.

드레싱 1 : 찐 감자, 베이컨, 셀러리, 오이, 달걀 등과 잘 어울리는 드레싱
마요네즈 2큰술, 플레인 요구르트 2큰술, 디종머스터드 1큰술, 마른 고추 1개 다진 것, 설탕 1큰술, 소금 한꼬집, 후추 적당량

드레싱 2 : 대추토마토, 부추 등에 버무려 차갑게 먹기 좋은 드레싱
양조간장 1큰술, 식초 1큰술, 꿀 1큰술, 미림 1큰술, 다진 양파 2큰술, 다진 마늘 1/2작은술, 후추 적당량

드레싱 3 : 영양부추, 상추 등에 무쳐 먹으면 맛있는 드레싱
고춧가루 1큰술, 초피액젓 1/2큰술, 식초 1/2큰술, 다진 마늘 1/2큰술, 참기름 1/2큰술, 깨 1/2큰술

허기질 때
든든하게 해줄 수 있는 간식들

동네 떡집에서 영양떡을 맞춰서 냉동실에 두고 허기질 때마다 하나씩 꺼내 드세요. 모유 수유하면 시도 때도 없이 배가 고픈데, 그럴 때 하나씩 꺼내먹으면 좋았던 기억이 있네요. 바나나, 토마토, 블루베리 등 쉽게 먹을 수 있는 과일들도 냉장고에 떨어지지 않게 채워두고 달걀도 찐 달걀이나 찜질방 달걀을 만들어 식탁 위에 두고 드세요. 구황작물(감자, 고구마, 단호박, 옥수수 등)도 찌거나 굽거나 삶거나 해서 다양하게 간식으로 만들어두세요.

모유 수유하는 엄마는 잘 먹어야 하지만 인스턴트 음식이나 패스트푸드로 배를 채우는 건 좋지 않아요. 양질의 음식물을 건강하게 섭취하는 것도 중요하답니다.

{ 찜질방 달걀 만드는 법 }

실온에 반나절가량 둔 달걀을 압력솥에 조심스럽게 넣고 물 1/2컵 정도를 부어준 뒤 굵은소금을 아주 조금 뿌려주세요. 그리고 압력솥의 뚜껑을 닫고 중불에서 추가 돌아가면 약약약불로 두고 30분 타이머 설정 후 불을 끕니다. 압력이 빠지면 뚜껑을 열어주세요. 쫄깃한 찜질방 달걀이 완성된답니다.

PART 1

이유식 준비하기

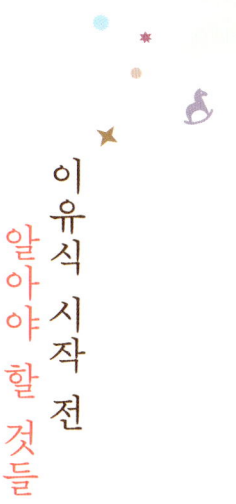

이유식 시작 전
알아야 할 것들

언제부터 이유식을 시작하면 좋을까

- 분유 수유 아기 : 4~6개월 사이
- 모유 수유 아기 : 6개월
- 아토피 아기 : 6개월

통상적으로 이유식을 시작하면 좋은 시기에요. 저는 선생님과 교감이 잘 되는 소아과를 계속 다니면서, 접종을 하거나 할 때 이유식이나 한비 피부 관련 이야기를 나누며 많은 도움을 받았어요. 우리 아기 발달 상태에 따라 시작 시기가 달라질 수 있으니, 꼭 참조하세요.

{ 이유식을 먹이는 방법 }

이유식은 쌀미음으로 시작합니다. 쌀미음을 며칠 먹이면서 아기 상태를 보고요, 한 가지 음식을 첨가해서 다른 이상이 없으면(예를 들어 알레르기 반응 등) 3~4일 정도의 간격을 두고 또 다른 한 가지의 식재료를 첨가합니다. 소고기를 첨가한 이후부터는 베이스로 고기를 꼭 이용해야 해요.

먹이는 양은 아기의 양에 맞게 서서히 늘려주세요. 하루 한 번 먹이다가, 아기가 잘 먹을 경우 하루 두 번으로 늘려줍니다. 이유식을 먹일 때 수유와 이유식은 바로 연결해서 하는 것이 좋아요.

그리고 늘 같은 환경에서 이유식을 먹이도록 해보세요. 같은 공간, 같은 자리의 하이체어에서 말이에요. 어느 날은 하이체어에서, 어느 날은 범보 의자에서… 이런 식으로 하지 말고 아이의 식습관이 바르게 자리 잡을 수 있게 엄마가 도와주는 게 좋은 방법인 것 같아요. 제가 한비를 키우면서 가장 신경 썼던 부분이기도 하구요.

또 다른 한 가지는 늘 예쁜 그릇에 이유식을 담아주었어요. 아기도 엄마도 즐거울 수 있는 작은 방법 중에 하나지요.

{ 잘 먹던 아기가 잘 먹지 않는다면 }

시기별 입자 크기를 아기의 이빨이 나는 속도와 비례하여 잘 살펴봐주세요. 이 경우는 책에 나오는 일반적인 내용이 도움이 안 될 때가 많아요.

아기는 엄마가 가장 잘 알아요. 이유식 할 때마다 아이의 행동 하나하나에 눈과 귀를 열어보세요. 아이의 혀 반응도 유심히 지켜보다 보면 우리 아기가 왜 잘 안 먹게 되었는지 알 수 있지요. 이빨이 나려고 할 때 아무래도 덜 먹게 되고, 입자가 거칠거나 너무 묽을 경우에도 아이의 기호에 따라 좋고 싫은 게 분명해요. 입자가 커서 뱉어내는 경우는 재빨리 수저로 이유식을 더 으깨어 넣어준다던지, 너무 묽을 경우엔 밥을 조금 추가해서 다시 한 번 적당히 으깨며 끓여 먹여보세요.

이유식이 더 진행됨에 따라 아이가 좋아하는 식재료와 좋아하지 않는 식재료가 분명히 구분되는 것 같아요. 그럴 때 좋아하지 않는 식재료를 아예 제외해버리는 게 아니라, 그 식재료를 잘 먹을 수 있는 조리법을 찾는 것도 중요해요.

아이가 잘 먹을 때 엄마는 행복하지요. 아이와 호흡을 잘 맞춰가며, 아이의 눈높이에서 맞춰주는 게 가장 중요하답니다.

{ 이유식을 맛있게 만들 수 있는 나름의 노하우 }

저는 식재료의 조합을 머릿속으로 상상하며 이유식을 만들었어요. 어른들이 맛있게 먹는 음식들을 생각해보면 그 정답을 찾을 수 있지요.

예를 들어 샤브샤브를 떠올리면서, '소고기와 팽이버섯 등의 버섯류, 단호박이 어우러지면 맛있는 이유식이 만들어지겠네.'라고 구성해보는 거예요. 찜닭을 생각해보면서, '닭안심과 당근, 양파, 고구마가 들어가면 되겠다.'라고 어울릴 것 같은 조합을 찾아보는 거죠.

조금 특이한 발상일지 몰라도, 저는 그렇게 한비 이유식의 식재료들을 조합해서 만들어 먹였어요. 태생이 잘 먹는 아기였을 수도 있지만, 만들어주는 대로 넙죽넙죽 아기 새처럼 입을 벌려가며 맛있게 먹었답니다.

{ 이유식을 시작하기 전에, 꼭 추천하고 싶은 다큐멘터리 }

〈푸드주식회사 (food,inc) / 옥수수의 습격〉

책을 쓸 때마다 늘 한결같은 마음으로 추천하고 싶은 다큐멘터리예요. 제가 한비를 가졌을 때쯤 남편의 권유로 보게 되었던 다큐입니다. 막연하게, 한비가 태어나면 이유식은 꼭 유기농으로 만들어 먹여야지, 라고 생각했던 다짐을 확고하게 만들어주었던 다큐이기도 해요.

무엇보다 평상시 장 볼 때의 습관을 싹 바꾸게 된 계기이기도 합니다. 아무 생각 없이 유기농으로 먹어야지, 가 아니라 유기농으로 골라서 먹어야 하는 이유를 분명히 알게 되었죠. 패스트푸드에 대해서도 좋지 않다고 막연히 생각하는 게 아니라, 왜 먹으면 안 되는지 그 이유를 다시 한 번 생각하게 되었어요.

지루하지 않게 흥미롭고 다소 충격적이기도 해요. 이 다큐멘터리를 처음 보고 난 며칠 뒤, 온 가족을 불러 모아 다시 한 번 봤답니다. 보고 나면 소중한 내 가족, 내 주위 지인들에게 추천할 수밖에 없는 이유가 있어요. 지금도 가끔 다시 한 번 챙겨 봐요. 보고 나면 흐릿해진 마음을 다시 한 번 다잡게 되는 충분한 계기가 되니까요.

엄마가 하는 대로 아이는 자란답니다. 우리 아가들이 커가는 밑바탕이 건강한 식재료로 만들어져야죠. 건강한 음식을 먹으면서부터 건강한 생각을 가지게 되고 좋은 습관을 만들게 되는 것 같아요. 꼭 찾아 보시길 권해드려요!

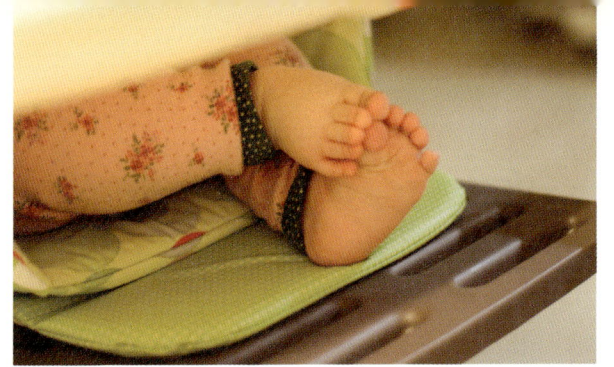

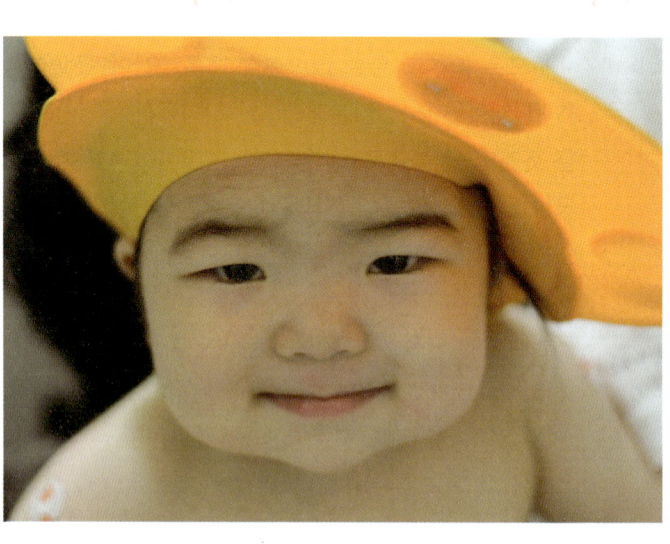

이유식 도구 이야기

아이를 낳기 전부터, 저는 주방을 사랑했답니다. 주방을 사랑하던 여자가 아이를 낳았으니 오죽하겠어요. 아이 자는 시간을 쪼개며 찾아보았던 이유식 도구를 소개해드립니다.

이유식 도구라고 해서 거창할 것도 없어요. 기존에 쓰던 주방용품을 소독해가며 사용해도 좋고, 꼭 필요한 것들을 잘 생각해서 준비하면 되겠지요.

엘비스볼(이유식 용기)

한비를 위한 건강한 용기를 생각하다 제가 직접 만들게 된 엘비스볼이에요. 떨어트려도 깨지지 않고, 아이들이 치발기처럼 물어도 안전할 수 있도록, 건강한 실리콘으로 만들어진 용기예요. 오븐, 전자레인지, 중탕 모두 가능하죠.

밀폐력이 좋아 음식물의 보관 시간을 오래도록 신선하게 유지시켜준다는 점, 아이들이 사용해도 위험하지 않다는 점, 무엇보다 예쁘다는 점! ^_^

www. beemymagic.com

1 에피큐리언 도마. 쉽게 건조되는 게 장점이에요.
2 컬러와 패턴을 바꿔가며 이유식 아래 깔아주면 시각적인 재미와 자극
  이 있어 더욱 좋은 것 같아요. 그릇 외에 변화를 줄 수 있는 작은 요소
  지요. www.jangcha.com

3 스텐 냄비. 작은 사이즈 손잡이 편수 냄비는 이유식이 끝난 뒤에도 계
  속 사용하고 있어요. GEO 제품.
4 스텐 채반과 스텐 볼이 세트로 되어있는 걸 구매하세요. 무지 제품.

5 전기 주전자, Kitchenaid 제품 / 보온 저그, ALFI 제품.

6 여행 갈 때마다 하나씩 모은 작은 도자기들.

7 손잡이팟, BEKA 제품 / 채망, WMF 제품

8 스텐 편수망, ROSLE 제품.

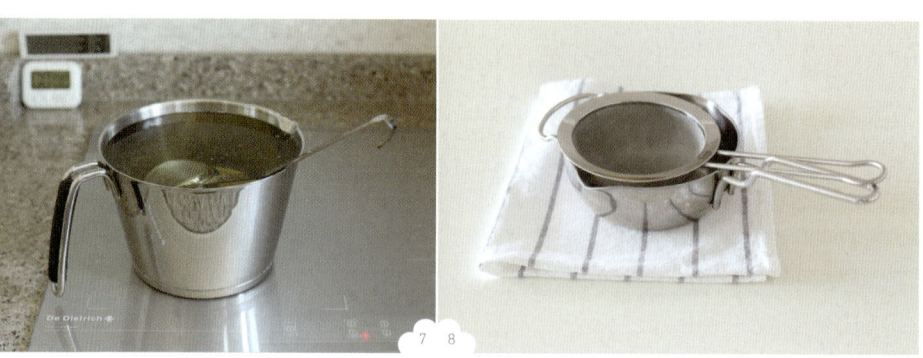

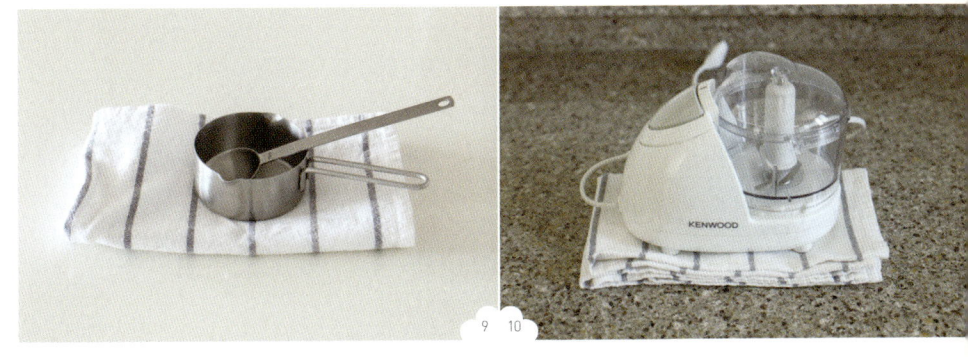

9 계량컵과 계량 스푼, 무지 제품.

10 미니 푸드프로세서, 캔우드 제품.

11 저울, 드렉텍 제품.

12 (좌)주방은 수시로 소독을 해줘야 하니, 약국에서 에탄올을 구입해 스프레이통에 담아둡니다 / (우)채소나 과일 세척용 스프레이, 아이 허브에서 구입.

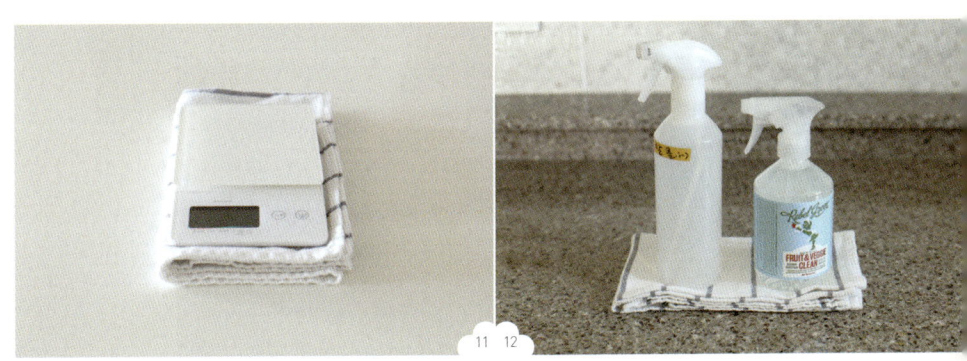

스텐 첫 세척

스텐 제품은 처음 사용하기 전에 스텐연마제를 제거해줘야 해요.

1   키친타월에 오일을 듬뿍 묻힌 뒤 스텐 구석구석을 꼼꼼하게
    문질러 닦아내세요.
2   그리고 베이킹 소다를 조금 묻혀 한 번 더 닦아줍니다.
3   미지근한 물로 세제를 묻혀 씻어낸 뒤,
4   물에 식초와 세제를 조금 풀어 한 번 팔팔 끓여주세요.
5   마무리로 한 번 더 세척해주세요.

멀티 세제

한동안 유행했던 만능 세제를 제 나름대로의 방식으로 만들어 사용 중이에요. 가스레인지 후드나 스텐 가스레인지, 스텐 식기건조대나 싱크볼 등 기스 나지 않게 물때 등을 제거하고 수전 등을 반짝거리게 닦는 데는 이만한 게 없는 것 같아요. 한 번 만들어 사용해보세요!

1 베이킹 소다 1컵과 주방세제 1컵을 잘 섞어준 뒤, 식초 1/2컵을 천천히 부어가며 섞어주고 물 1컵을 부어 고루 잘 섞어주세요.
2 부직포걸레(또는 물티슈)를 티슈 크기로 잘라주고, 1의 세제에 푹 담가 적셔주세요.
3 밀폐용기에 담아두고 한 장 한 장 꺼내 사용하세요.

식재료 장보기

기본적인 식재료의 장은 모두 유기농 매장을 이용해요. 유기농 매장이라 하면 굉장히 거창해 보이는데요, 앞서 이야기한 음식 관련 다큐를 보고 나면 식재료 구입의 마음이 확고해질 수밖에 없어요.

한비가 이유식을 할 때인 6년 전보다 지금은 유기농 매장이 더 많이 생기고 품목도 굉장히 다양해져 장보기가 훨씬 편해졌답니다. 제가 주로 이용하는 매장은 한살림과 두레생협이에요. 3만 원가량의 조합원비를 내면 평생 이용할 수 있고, 탈퇴 시 다시 돌려받는 금액이니 부담스럽게 생각하지 마시고 가입하길 권유해드려요.

장마철이나 기상 이변으로 일반 마트의 채소 가격이 폭등해도, 유기농 매장의 채소 가격은 그리 큰 변동사항이 없어요. 그리고 일주일에 한 번씩 장을 보며 계산을 해봐도 식재료가 일반 마트에 비해 비싸다는 느낌은 받지 못하기도 하구요.

　　이렇게 모든 식재료를 한살림이나 두레생협에서 구입하고, 유기농 매장에 없는 식재료들은 코스트코나 일반 대형 마트를 이용합니다. 결혼하며 다니기 시작한 유기농 매장에 많이 익숙해져, 이제는 대형 마트를 꼭 가지 않아도 될 만큼의 식생활 패턴이 자리를 잡게 되었어요.

　　바로 집 앞에 유기농 마트가 없다면, 인터넷을 이용하면 되는데 지역마다 배달이 오는 날짜가 일주일에 한 번 정해져 있어요. 예를 들어 우리 집은 수요일 배송이라면 그 전주 금요일까지 장보고 결제가 완료된 건에 대해 수요일 배송이 되다 보니, 식재료를 구입하고 밥을 해먹는 패턴을 자리 잡는데 조금 시간이 걸리기는 해요. 그래도 안심하고 사 먹을 수 있는 식재료를 공급받을 수 있으니, 저는 강력 추천합니다.

이유식 재료
손질과 보관

{ 자주 사용하는 재료 손질과 식재료 소분하는 법 }

일주일에 하루를 식재료 손질 및 소분하는 날로 정해두는 건 어떨까요. 손질한 뒤 분량에 맞게 소분하고 냉동 보관하면 된답니다. 간식으로 사용할 분량까지 생각해서 계량해 소분해 놓으면 조금 더 편하게 이유식을 만들 수 있어요.

어느 정도씩 소분해야 할지는 이유식을 만들다 보면 요령이 생겨요. 개인적으로 한비 이유식을 해서 먹일 때 초록잎채소는 5그램씩 항상 이유식마다 종류별로 돌아가며 넣어서 만들어줬어요. 그 외 고구마나 감자, 단호박 등은 50~80그램씩 소분해서 사용했고요. 간식용으로는 150그램 정도씩 소분해서 냉동 보관하기도 했어요.

이렇게 일주일치 이유식 식단을 짠 뒤 필요한 재료의 분량을 기록해두세요. 데치거나 찌는 과정을 거친 식재료들을 소분 후 바로 냉동 보관하는 거죠. 냉동실에 손질해둔 식재료가 떨어질 때쯤 다시 장을 봐서, 싹 손질하고 소분해서 냉동실에 보관해두기를 반복적으로 해두면 됩니다.

초기에는 정말 소량씩 식재료를 사용하니, 초기 때부터 손질 및 소분하여 냉동 보관하는 습관을 들이는 게 가장 좋아요. 냉동 보관한 재료는 보름에서 길어도 한 달 안에는 소화해야 해요. 사용하기 전날, 소분하여 냉동 보관한 식재료를 한 큐브씩 꺼내 스테인리스 접시에 담아 냉장고로 옮겨놓으면 바로 쓸 수 있어요. 중기, 후기, 완료기까지 이 방법이 몸에 익숙해지면, 이유식 만드는 일이 생각보다 어렵지 않다는 걸 알게 돼요. 아이에게 다양한 식재료의 이유식을 먹일 수 있는 방법이기도 하구요.

정말 간단하고 쉬운 일인데, 이렇게 글로 적으려니 뭔가 복잡해보이지요. 머릿속으로 이유식 만드는 과정을 그림을 그리듯 정리해보면, 하나하나 야무지게 정리가 될 거예요.

아, 그리고 쌀은 항상 전날 밤 냉장고에 불려두세요. 쌀만 불려져 있어도, 시간을 단축할 수 있지요. 하루 이틀 만들다 보면 내 패턴에 맞는 이유식 만드는 습관이 생길 거예요.

소고기 : 유기농 매장엔 이유식용 소고기를 소분하여 팔기도 해요. 그걸 구입해서 만들어도 되지만, 집에서 이유식용 고기를 칼로 다져 사용할 경우 80그램씩 소분해서 냉동 보관합니다.

닭안심 : 분유물에 데쳐 잡내를 제거하고 곱게 다져 80그램씩 소분하여 냉동 보관합니다.

1 소고기 소분.   2 푸드프로세서를 이용해 다지기도 하고,

3 소량의 재료는 칼로 곱게 다져주기도 합니다.

4 우에무라 용기에 일정량 대로 계량한 뒤 소분.

5 요즘엔 유기농 매장에서 이렇게 이유식용으로
소분되어 나와요.

6 껍질이 있는 재료는 껍질을 제거하고 다져요.

7 감자나 밤 등은 푹 찐 뒤 잘 으깨주세요.

8 대추는 씨를 제거한 뒤 갈아서 사용해요.
9 양파는 강판에 갈아주세요.

생선살 : 유기농 매장에서 판매하는 이유식용 생선살은 소분이 되어 냉동 보관용으로 나와요.

애호박 : 껍질을 돌려 깎아 버리고 곱게 다져 사용합니다.

브로콜리 : 끓는 물에 데친 뒤 곱게 다져 10그램씩 소분해 냉동실에 보관해요.

푸른잎채소 : 끓는 물에 살짝 넣었다 꺼내 흐르는 차가운 물에 잠시 담가주세요. 물기를 꼭 짠 뒤 칼로 곱게 다지거나 푸드프로세서를 이용해 다진 후, 5그램씩 소분해 냉동실에 보관합니다.

구황작물 : 감자, 고구마, 단호박 등의 구황작물은 찜기에 푹 찐 뒤 잘 으깨고 40~80그램씩 상황에 맞게 소분해주세요.

밤 : 껍질 벗긴 밤은 찜기에 찐 뒤 포테이토매셔로 으깨어줍니다. 50그램씩 소분해서 냉동실에 보관해요.

대추 : 팔팔 끓는 물에 2~3분간 넣어 익힌 뒤 안쪽 씨를 제거하고 믹서에 물을 조금씩(대추살이 갈아질 정도로) 부어가며 완전히 갈아줍니다. 스테인리스 채반에 곱게 내려준 뒤 15그램씩 소분하여 냉동 보관해요. 휴롬이나 필그린 등의 착즙기가 있다면, 위 방법 그대로 하시되, 물을 소량씩 부어가며 착즙해보세요.

양파 : 강판에 그때그때 갈아 사용하거나, 이유식 중기 이후부터는 양파 1/3개가량을 강판에 갈아서 밀폐용기에 넣어 냉장 보관 후 필요할 때마다 꺼내 사용합니다.

{ 이유식 보관하기 }

그때그때 딱 정량의 이유식을 매일 새롭게 만들어 먹이면 가장 좋겠지만, 그렇게 하다 보면 엄마는 쉽게 지칠 수 있어요. 아이의 밥을 책임지는 일은 굉장히 장기전입니다. 엄마도 머리를 써서 현명해져야 해요. 이유식을 만들 때 한번에 세 번가량 먹을 수 있는 이유식 양을 계산해서 만들어보세요.

한 번 만들 때 아침, 점심, 저녁 세 가지 버전을 각 세 개씩 만들면 총 9개의 이유식이 완성되겠죠. 다음날도 아침, 점심, 저녁 세 가지 버전으로 세 개씩 만들면 9개의 이유식이 완성될 거예요. 이렇게 만든 이유식 세 개는 그날 먹이고, 나머지는 냉동실에 보관해두는 거죠.

한비를 키울 때 새로운 이유식을 차곡차곡 냉동실에 채워놓고 너무 뿌듯하고 든든했던 기억이 있어요. 냉동실에 이유식이 있으니 엄마도 피곤할 때 조금 쉴 수 있기도 하구요. 가장 좋은 점은, 식재료를 이렇게 만들면 버릴 일이 별로 없다는 것이지요.

냉동실에 든든하게 채워진 이유식은 전날 밤 각기 다른 메뉴로 2~3가지를 골라 냉장고에 옮겨놓아요. 다음날 중탕이나 냄비에 다시 옮겨 데워주기만 하면 오케이!

당일에 새로운 이유식을 만들 계획이라면 당일에 만든 한 종류는 바로 먹이고, 미리 만들어놓은 이유식 두 종류로 점심, 저녁을 먹이고… 이렇게 운용하는 거죠. 조금 쉽게 느껴지지 않나요?

아침잠이 많은 저는, 한비가 잠든 밤 시간에 이유식을 종류별로 만들어 냉동실에 든든하게 쟁여두고 다음날 아침엔 비몽사몽으로 미리 만들어둔 이유식을 주로 먹이곤 했답니다.

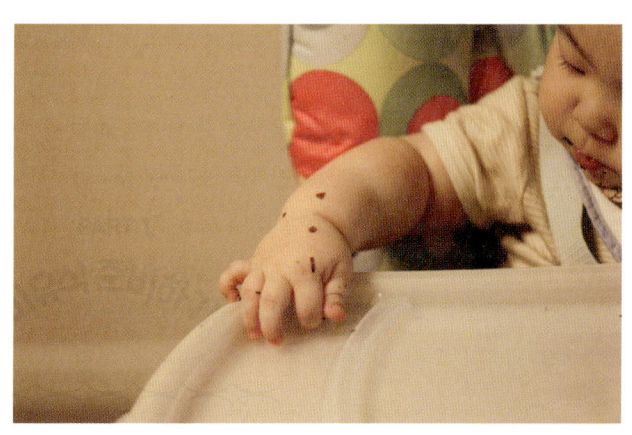

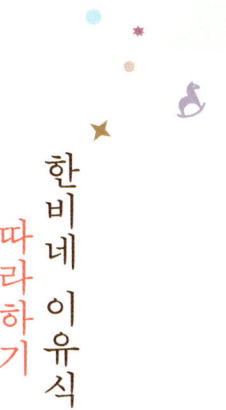

한비네 이유식
따라하기

{ 어떤 순서로 먹일까 }

초기 이유식을 시작하면서 가장 고민되는 건 '어떤 채소 순서대로 이유식을 할까?' 그리고 '어떤 식재료를 며칠씩 먹이는 게 좋을까?'가 아닐까 해요.

한비를 키우며 떨리는 마음으로 이유식을 시작했던 그날이 여전히 생각이 나네요. 매일 아이의 눈을 마주보며 이걸 해주면 아이가 잘 먹을까 하며 두근거리고 설레는 마음으로 준비를 했었지요.

아이를 가장 잘 아는 건 매일 살갗을 부비는 엄마일 테고, 아이의 하루를 온전히 함께하는 부모는 조금 더 아이를 깊게 살펴보며 늘 관찰해야 합니다. 태어날 때부터 아이들은 외모, 성별, 특징, 체질 등 모든 게 다르니까요. 즉, 좋아하는 식재료 또한 다르니 늘 다양하고 많은 식재료를 접해볼 수 있게 도와줘야 한다고 생각해요. 태어나 처음 맛보는 식재료에 거부감을 주고 싶지 않은 건 누구나 다 같은 마음일 테니까요. 아기가 늘상 가는 소아과 의사와 상의하며 진행하는 것 또한 좋은 방법이라 생각됩니다.

처음 쌀미음을 시작할 때부터 하나씩 추가되는 채소까지, 아이가 맛을 조금씩 이해할 수 있게 천천히 천천히 시작하는 방법이 좋았던 거 같아요.

예를 들어 처음 쌀미음을 5일간 진행해서 쌀미음을 아기에게 잘 적응시키고, 채소 한 가지를 추가해요. 채소 한 가지를 넣어 먹인 뒤 몸 반응을 잘 살피고 괜찮으면 다른 채소, 또 괜찮으면 괜찮은 채소끼리 섞어보기도 하는 거죠. 천천히 천천히 아이의 몸 반응을 살피며 조심스럽게 시작했습니다.

내 몸에서 태어난 아기가 세상의 첫 미각을 느끼는 과정에서 조금 더 맛있는 세상의 기억을 쌓아주고 싶었던 마음이었지요.

{ 레시피에 있는 죽을 만들 때 참고하세요 }

- 이 책에 제시되는 시간은 불린 쌀 기준입니다. 밥을 지어 죽을 만들 때는 레시피에 제시한 시간과 달라져야 해요.
- 재료 소개에 자주 나오는 〈쌀 + 찹쌀 = 1/2컵〉은 쌀과 찹쌀을 합쳐서 1/2컵이 되게 용량을 만들어주시면 돼요. 이때 분량은

불리기 전의 양입니다. 이 분량대로 만들면 들어가는 재료의 양에 따라 총량은 약간 바뀔 수 있지만, 보통 200ml 용량이 나와요. 이 정도 분량이면 아기가 세 번 먹을 정도의 양이 되는데, 한 끼는 먹이고 두 번 먹을 분량은 냉동 보관한 뒤 먹이기 전날 냉장실로 옮겨놓으면 됩니다.

- 이유식을 할 때 잘 지켜봐야 할 사항이 있어요. 우선 식재료에 대한 아이의 알레르기 반응을 꼼꼼히 체크해보셔야 해요. 알레르기 반응이 올라오는 식재료는 잘 메모해두고, 무조건 기억해두세요. 두 번째로 아이의 이빨이 나는 상황을 잘 체크해야 해요. 이빨이 날 무렵에는 갑자기 잘 안 먹을 수도 있고, 이빨이 조금 올라온다고 갑자기 식재료의 크기를 늘리면 아이에게 거부감이 생길 수 있어요. 이런 것은 아이와 매일 살 부비며 교감하는 엄마가 가장 잘 알 수 있는 부분이에요.

- 아이의 이빨 나는 상황에 따라 이유식과 유아식 레시피를 응용해볼 수 있어요. 모든 식재료를 다 접할 수 있는 중반기, 후반기로 넘어갈수록 얼마나 다양하게 해먹일 수 있는 것들이 많은지 몰라요. 유아식으로 나온 레시피지만, 아이의 이빨 상황에 따라 더 잘게 자르거나, 쌀을 불려 더 갈아버리거나, 간이 된 레시피라면 간은 안하는 식으로 응용하는 거죠. 혹은 어른 음식(부모가 좋아하는 음식)의 식재료에서 힌트를 얻고 그 상태에서 간은 안하고 식재료를 더 잘게 다지는 식으로 응용해보는 거예요.

항상 하마 입을 벌리며 맛있게 이유식과 유아식을 먹었을 것 같은 한비이지만, 생각보다 잘 먹지 않았던 기간들도 있었어요. 잘 안 먹으면 애가 타고 속이 타는 부모의 마음은 누구나 다 똑같을 거예요. 이유식을 다 만들어놨는데 도저히 잘 안 먹을 땐 조미되지 않은 유기농 김을 작게 잘라 수저 위에 올려 함께 먹인다던가, 치즈를 잘 먹는 아기라면 유기농 치즈를 작게 잘라 이유식 위에 얹어 먹여 보세요. 아파서 잘 먹지 못하는 게 아니라면 다양한 방법으로 아기의 입맛을 깨워주세요.

아기가 이유식을 먹는 기간은 사실 그리 길지 않아요. 이유식에서 유아식으로 넘어간 뒤의 기간이 장기전이라고 생각하셔야 해요. 이유식 기간에 너무 진을 빼버리면 유아식으로 넘어가 밥 해 먹이는 것조차 힘들게 느껴질 수 있답니다. 쉽게, 하지만 영양가는 풍부한 음식을 해 먹인다…, 이렇게 생각하면 어떨까요.

너무 많은 이유식 책을 보거나 쏟아져 올라오는 이유식 레시피들을 보면 미리 겁을 먹게 되요. '와… 이렇게 우리 아이를 해먹여야 하나 봐. 내가 잘할 수 있을까? 난 요리를 못하는데.' 이런 걱정이 들곤 하죠.

괜찮아요, 겁먹지 마세요.
아주 쉽게 생각하세요.
화려하지 않아도 간단한 식재료로 아이를 통통하게 살찌울 수 있어요.

PART 2

초기
이유식

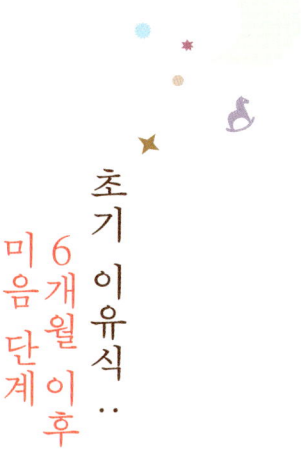

초기 이유식..
6개월이후
미음단계

이유식 양 : 평균 30그램~80그램

이유식 횟수 : 1회

수유 횟수 : 4~5회(800ml 이상)

생각해보면 별것도 아닌데, 우리 아가가 태어나 처음으로 먹는 음식이라 생각하니 괜히 긴장되고 그랬던 것 같아요. 이렇게 해주면 잘 먹을까, 저렇게 해주면 잘 먹을까 하면서 좀 더 공부하게 되고, 좀 더 관심을 가지게 되죠. 레시피랄 것도 없는 이유식 레시피를 들여다보면서 말이에요.

우리 아가들의 첫 이유식을 시작하는 엄마 마음은 다 똑같을 거예요. 설레였던 마음안고 시작했던 한비 이유식을 떠올리며 꼼꼼하게 알려 드릴게요. 다른 건 몰라도, 건강하게 잘 해먹이고 싶은 마음은 확실했거든요. 그리고 바른 식습관을 가진 아이로 키우자는 마음도 확실했었구요. 잘 먹이고 건강하게 키우는 것에 집중해야 해요. ^^

{ 이유식의 기본이 되는 쌀 준비하기 }

이유식의 가장 중요한 재료가 바로 쌀이죠. 쌀은 1/2컵 분량을 물 2컵 정도에 불려 냉장고에 넣어두면 필요할 때 꺼내 이유식을 쉽게 만들 수 있어요. 평소에는 밀폐용기에 보관하구요. 이유식을 만들 때는 분량의 물과 불린 쌀을 미니믹서에 갈아서 사용해도 되고, 미니절구가 있다면 불린 쌀을 절구에 빻아 사용해도 됩니다. 둘 중 한 가지 방법을 이용해 쌀을 빻아 사용하세요.

{ 초기 이유식에 쓰일 식재료 }

- 감자 / 고구마 / 애호박 / 양배추 / 브로콜리 / 콜리플라워 / 완두콩 / 오이
- 청경채 / 단호박 / 비타민 / 사과 / 배
- 소고기 / 닭안심
* 알레르기가 날 수 있는 식재료를 먹이는 날은 몸 반응을 더 주의 깊게 살펴봐주세요.

{ 이유식을 먹이는 시간과 횟수 }

- 아침 첫 수유 : 아침 9시
- 두 번째 수유 : 낮 1시(수유하기 직전 이유식 1회)
- 세 번째 수유 : 오후 5시
- 마지막 수유 : 저녁 9시
* 아기의 패턴을 잘 메모해서 늘 규칙적인 생활을 할 수 있도록 엄마가 도와주세요.

쌀미음

· **불린 쌀** 1큰술
· **생수** 10큰술(2/3C)

+ 재료 준비
불린 쌀 : 미니절구에 불린 쌀을 넣고 빻아준다.

1 냄비에 빻은 쌀과 2/3컵 분량의 생수를 부어 센불에 파르르 끓이다가 약불로 줄여 잘 저어가며 7분가량 끓여준다.

2 스테인리스 채반에 옮겨 담은 뒤 곱게 걸러 먹인다.

tip · 모유나 분유같이 액상 형태를 먹던 아가들에게 약간의 건더기감이 느껴지는 쌀미음은 거부감을 일으킬 수 있어요. 채반에 잘 걸러내어 쌀의 질감이 거의 느껴지지 않게 만들어서 우리 아가의 첫 음식을 시도해 보아요!

· 기본 베이스가 되는 쌀은 늘 잘 씻어 물에 담가 냉장고에 불려두세요.

애호박 미음

쌀미음을 5일 정도 적응시킨 뒤,
첫 채소로는 달큰한 맛이 나는 애호박으로 정했어요.

· **애호박 껍질째** 15그램
· **불린 쌀** 1큰술
· **생수** 10큰술

+재료 준비

애호박 : 껍질을 얇게 돌려
깎아 벗겨내고 칼을 이용해
곱게 다져준다.

불린 쌀 : 미니절구에 불린
쌀을 넣고 빻아준다.

1 냄비에 손질한 재료를 다 넣고 센불에 팔팔 끓으면
약불로 줄여 7분가량 저어가며 끓여준다.

2 채반에 올려 으깨어 내려준 뒤 예쁜 볼에 담아낸다.

tip 아기가 처음부터 많은 양을 먹기는 힘들어요. 만들어
놓은 양이 정말 작은 양이지만, 아기들에겐 힘들 수
있거든요. 아기가 먹다가 먹기 싫어하면, 전 그만 먹
였어요. 그만큼이 아기의 양이라 생각하세요.

청경채 미음

· 청경채 잎사귀 데쳐서
  곱게 다진 것 5그램
· 불린 쌀 1큰술
· 생수 10큰술

+ 재 료 준 비

청경채 잎사귀 : 팔팔 끓는 물에 데친 뒤 곱게 다진다. 5그램을 제외하고 남은 분량의 청경채는 다시 5그램씩 소분해 이유식 소분용기에 넣어 냉동 보관한다.

불린 쌀 : 미니절구에 불린 쌀을 넣고 빻아준다.

1 냄비에 재료를 다 넣고 센불에 팔팔 끓으면, 약불로 줄여 7분가량 저어가며 끓여준다.

2 채반에 올려 으깨어 내려준 뒤, 예쁜 볼에 담아낸다.

tip 소분해서 냉동실에 얼려둔 재료는 한 번 더 먹여도 되고, 중기 이유식으로 넘어가면 초록 채소들 소분해 얼려놓은 것들이 유용하게 쓰이게 돼요.

브로콜리 미음

+재료

· 브로콜리 데쳐서
  곱게 다진 것 5그램
· 불린 쌀 1큰술
· 생수 10큰술

+재료 준비

브로콜리 : 초록 송이 부분
을 팔팔 끓는 물에 넣어 데
친 뒤 찬물에 헹궈내고 곱
게 다진다.

불린 쌀 : 미니절구에 불린
쌀을 넣고 빻아준다.

1 냄비에 재료를 다 넣고 센불에 팔팔 끓으면, 약불로
   줄여 7분가량 저어가며 끓여준다.

2 채반에 올려 으깨어 내려준 뒤 예쁜 볼에 담아낸다.

tip 데쳐서 곱게 다진 브로콜리가 남으면 이유식 소분용기
   에 5그램씩 소분하여 냉동실에 보관하세요.

고구마 미음

+ 재료

· **고구마 껍질 벗겨 찐 것**
　10그램
· **불린 쌀** 1큰술
· **생수** 10큰술

+ 재료 준비

고구마 : 껍질을 벗겨 미니
찜기에 푹 쪄준 뒤 10그램을
사용하고, 남은 고구마는
10그램씩 소분하여 냉동 보
관한다.

불린 쌀 : 미니절구에 불린
쌀을 넣고 빻아준다.

1　냄비에 재료를 다 넣고 센불에 팔팔 끓으면, 약불로
　줄여 7분가량 저어가며 끓여준다.

2　채반에 올려 으깨어 내려준 뒤 예쁜 볼에 담아낸다.

tip　• 이제 어느 정도 미음 단계에 적응이 된 아가들은, 채
　　반에 한 번 걸러내지 않고 약간의 질감이 느껴지는
　　미음을 먹는 아가들도 있어요. 채반에 걸러내는 과
　　정은 아가들의 기호에 따라 조절해주세요.

　　• 식재료를 바꿔가며 이유식을 하다 보면, 아가들이
　　유난히 좋아하는 식재료들이 보일 거예요. 그런 식
　　재료는 잘 기억해두었다가, 이유식을 안 먹는 시기
　　에 응용하거나 중기 이유식으로 넘어가는 초반에 활
　　용하면 좋아요.

단호박 미음

+ 재료
· 푹 찐 단호박 10그램
· 불린 쌀 1큰술
· 생수 10큰술

+ 재료 준비

단호박 : 미니 단호박을 구입해 통째로 미니찜기에 푹 찐다. 8등분 후 안쪽 씨를 제거하고 껍질을 벗겨낸 다음, 으깨어 10그램 분량을 준비한다.

불린쌀 : 미니절구에 불린 쌀을 넣고 빻아준다.

1 냄비에 재료를 다 넣고 센불에 팔팔 끓으면, 약불로 줄여 7분가량 저어가며 끓여준다.

2 채반에 올려 으깨어 내려준 뒤 예쁜 볼에 담아낸다.

tip 단호박은 보짱이라는 주먹만한 단호박이 정말 맛있어요. 푹 쪄서 껍질을 제거하고 모두 손질한 뒤 수저나 도구를 이용해 잘 으깨어주세요. 그리고 이유식용 보관용기에 소분하여 냉동 보관합니다. 중기 이유식으로 들어가면 이유식은 물론이고 중간 간식으로 먹여도 좋은 기특한 식재료거든요.

감자 미음

+ 재료
- **삶은 감자** 10그램
- **불린 쌀** 1큰술
- **생수** 10큰술

+ 재료 준비

감자 : 미니찜기에 푹 쪄서 준비한다.

불린 쌀 : 미니절구에 불린 쌀을 넣고 빻아준다.

1 냄비에 재료를 다 넣고 센불에 팔팔 끓으면, 약불로 줄여 7분가량 저어가며 끓여준다.

2 채반에 올려 으깨어 내려준 뒤 예쁜 볼에 담아낸다.

▶ ▶ ▶ 소고기 미음

시작하는
날

떨리는 소고기 미음이 시작되는 날이에요! 초기 이유식을 하며
식재료에 알레르기 반응이 특별히 없다면, 소고기 미음을
시작해보아요.

소고기 미음이 시작되면, 채반에 정성들여 거르던 작업은 이제
생략해도 좋아요. 그리고 소고기가 들어가면서, 10배죽에서
8배죽으로 바뀌게 돼요. 그동안 생수가 10큰술이였다면 이젠
쌀은 동일하게 1큰술이지만 생수는 8큰술이 되겠지요.

아기의 첫 고기는 무항생제 고기를 이용하는 게 가장 좋아요.
가격이 조금 비싸긴 하지만, 그래도 아기의 건강을 지키려면
건강한 목초를 먹고 자라나 항생제를 사용하지 않은 소고기로
만들어야 하겠죠. 혹시라도 미국산 소고기를 취급하는
곳에서는 우리 아가용 소고기는 절대로 구입하지 마세요.
고기를 구입하는 곳은 믿을 만하고 인기 있는 곳에서 구입하는
것이 좋습니다. 그래야 구입할 때마다 싱싱한 고기를 구입할
수 있으니까요.

소고기를 살 때는 100그램 정도의 붉은빛이 도는 싱싱한
소고기를 구입하세요. 원하는 대로 칼을 이용해 다져주는
곳도 있지만, 집에 와서 다져도 힘들지 않아요. 구입해온
소고기(키친타월로 핏기를 톡톡 두드려 제거)는 깨끗한 칼을
이용해 곱게 다진 뒤 10그램씩 소분하여 용기에 담고 냉동실에
넣어 보관합니다. 10그램씩 소분해서 시작하다 중기로
넘어갈수록 20그램씩 소분해서 양을 늘려갈 거예요.

한비 이유식을 해먹일 때만 해도 유기농 매장에서 이유식용
소고기를 따로 소분해서 판매하는 곳이 거의 없었는데요,
요즘은 유기농 매장에서 아기 이유식용 무항생제 소고기를
80그램씩 소분해서 냉동 판매하는 곳이 꽤 되는 것으로 알고
있어요. 일주일치 냉동 보관해둘 소고기를 구입하세요.

소고기 미음

· **아주 곱게 다진 소고기**
  10그램
· **불린 쌀** 1큰술
· **생수** 8큰술

+ **재 료 준 비**

불린 쌀 : 미니절구에 불린
쌀을 넣고 빻아준다.

1 냄비에 빻은 쌀과 생수를 넣어 센불에서 팔팔 끓여
   준다.

2 약약불로 줄이고 곱게 다진 소고기를 넣는다.

3 잘 저어가며 7분가량 끓인 뒤, 예쁜 볼에 담아 먹인
   다.

PART 3

중기
이유식

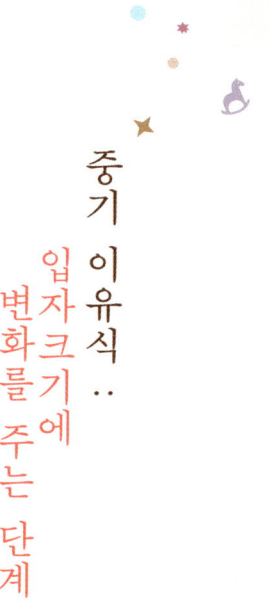

중기 이유식 ..
입자크기에
변화를 주는 단계

이유식 양 : 평균 70그램~120그램
이유식 횟수 : 2회 + 간식 1회
수유 횟수 : 4~5회(700~800ml 이상)

이제 중기 이유식이 진행되어야 해요. 적응된 식재료 한 가지에 새로운 이유 식 재료 한 가지를 함께 사용하는 식으로 진행해보세요. 새로운 식재료가 투입될 때마다 그때그때 재료 손질(데친 뒤 다지고 소분해서 냉동)을 해두면, 이유식 만들 때 번거로움 없이 만들 수 있어요. 아이가 먹을 만큼의 재료를 제외하고 남은 식재료들은 엄마 아빠의 식재료로 바로바로 활용해야 하구요.

중기 이유식
시기별 특징

- 만 7개월부터는 아침과 저녁으로 이유식을 두 번 챙겨주세요. 아침엔 육류나 어류가 들어가는 이유식이면 저녁엔 과일과 채소가 들어가는 이유식으로 만들어서 다양한 식재료를 접하게 도와주세요.
- 8개월로 넘어갈수록 이유식의 양은 늘리고 수유의 양은 줄여주세요.
- 9개월로 넘어갈수록 아이들 이빨이 올라오는 상황을 봐가며 입자의 크기에 변화를 주세요. 그리고 이유식 횟수 또한 아침, 점심, 저녁 세 번으로 늘려주세요. 이유식을 세 번 먹기 시작할 때부터는 메뉴를 조금 구체적으로 짜는 게 좋아요.

tip 두 가지의 패턴이 만들어지고 있는 한비

9개월쯤 우리 한비의 기록을 찾아보았어요. 참고가 될까 해서요. 아기의 패턴을 꼬박꼬박 기록하다 보면, 아기도 나름대로의 스케줄이 있다는 걸 알게 되지요. 식생활 습관을 이유식을 먹는 아기 때부터 만들어주는 건 정말 좋은 것 같아요. 한비는 네 시간을 주기로 먹고 잠들고 했답니다.

아침 7시 기상 기준(조금 일찍 기상했을 때)
  -7시 : 분유 200ml
  -12시 : 이유식 100그램 정도 + 분유 80~120ml
  -4시 : 이유식 100그램 정도 + 분유 80~120ml
  -8시 : 이유식 100그램 정도
  -9시 : 분유 240ml
  -9시 30분 : 수면
  : 이유식 총량 300그램 / 분유 총량 : 600~680ml

아침 9시 기상 기준
  -9시 : 분유 200ml
  -1시 : 이유식 100그램 정도 + 분유 80~120ml
  -5시 : 이유식 100그램 정도 + 분유 80~120ml
  -9시 : 분유 240ml
  -9시 30분 : 수면
  : 이유식 총량 200그램 / 분유 총량 : 600~680ml

아침 기상시간에 따라 이유식을 2번 혹은 3번을 먹였고요. 낮잠은 아침 첫 수유 후 바로 자서 2시간~3시간가량을 더 잤어요. 그리고 낮 3~4시쯤 2~3시간가량을 자는 패턴이 만들어졌고요. 첫 수유 후 이렇게 정말 부지런히 아이에 대해 기록하며 키웠네요.

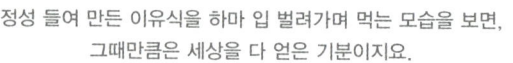

정성 들여 만든 이유식을 하마 입 벌려가며 먹는 모습을 보면,
그때만큼은 세상을 다 얻은 기분이지요.

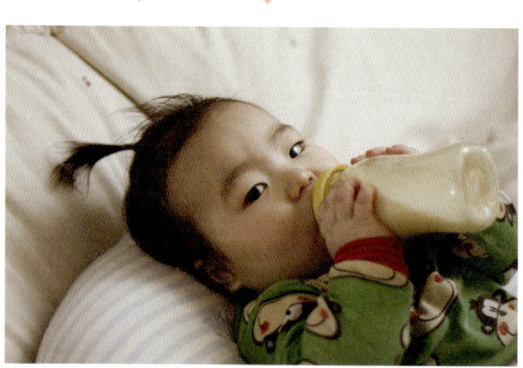

중기 이유식
식단 짜기

만 7개월을 맞이하면서 이제 우리 아가가 하루에 이유식을 두 번씩 먹기 시작했어요. 아기가 이유식을 두 번씩 먹기 시작하면, 엄마는 조금 더 부지런해져야 합니다. 그때그때 채소 손질과 그 외 식재료 손질을 하기엔 아기도 봐야 하고 시간이 너무 부족하죠. 아기가 낮잠 든 시간이나, 혹은 아기가 밤잠이 깊이 든 시간을 이용해 식재료 준비를 미리미리 해두세요. 한 번 만들 때 두세 배합의 양을 만들어 한 그릇은 바로 먹이고 나머지는 냉동실에 급냉시켰다가 다음날 꺼내 먹이는 등 최대한 엄마가 지치지 않게 시간을 분배하는 것도 중요해요. 손질한 뒤 소분한 식재료는 작은 큐브통에 마스킹 테이프를 이용해 식재료와 그램 수의 정보를 메모한 뒤 냉동 보관합니다. 다음날 만들 이유식 식재료는 전날 밤 냉동실에서 꺼내 냉장고로 옮겨두세요.

　장을 보러 가기 전 아기의 일주일 식단을 짭니다. 저는 한비 이유식이 하루에 두 번씩 진행되었을 때, 오전 이유식은 소고기 혹은 닭안심이 기본으로 들어간 이유식을, 오후 이유식은 과일과 채소를 적절히 섞은 이유식을 만들어 먹였어요. 중간 간식은 그날그날의 식재료 상황에 맞춰가며 만들어 주었고요.

식단을 짤 때는 아기가 특히 더 좋아했던 식재료나 앞으로 이
유식에 들어갔으면 하는 식재료 등을 천천히 생각해보며 메모를
해보세요. 저는 놓칠 수 있는 식재료가 있을까봐 인터넷 장보기 사
이트에 들어가 목록에 올라와 있는 대부분의 식재료를 모두 메모
해두었고, 그 식재료의 리스트를 보며 소고기와 닭고기 등과 어울
릴 수 있을 만한 재료끼리 매칭을 했었어요. 그리고 아이가 혹시라
도 안 먹으면 엄마 입장에서 생각할 수 있는 이유를 찾으려 노력했
답니다. 입자의 변화를 주기도 하고, 단맛을 느낄 수 있는 식재료
를 넣어 다시 만들어보면서 말이죠.

한비의 이유식 식단 다이어리

한비 이유식을 하며 실제로 짰던 이유식 메뉴의 일부를 옮겨 볼게요. 어떤 식으로 운용해서 만들지 조금이나마 도움이 되셨으면 좋겠네요.

March		
1 오전 : 닭안심 / 연두부 / 미역 / 양파 오후 : 배 / 대추 / 밤	**2** 오전 : 닭안심 / 구기자 / 대추 오후 : 양배추 / 고구마	**3** 오전 : 소고기 / 양송이버섯 / 브로콜리 / 연두부 오후 : 밤 / 흑임자
4 오전 : 닭안심 / 고구마 / 대추 / 구기자 오후 : 브로콜리	**5** 오전 : 소고기 / 비트 / 청경채 / 비타민 오후 : 단호박 / 옥수수	**6** 오전 : 소고기 / 애호박 / 양파 / 팽이버섯 오후 : 배 / 대추 / 밤
7 오전 : 닭안심 / 비트 / 고구마 오후 : 양배추 / 고구마	**8** 오전 : 소고기 / 버섯 / 애호박 / 달걀노른자 오후 : 고구마 / 사과	**9** 오전 : 소고기 / 비트 / 느타리버섯 / 애호박 오후 : 두부 / 애호박 / 양파
10 오전 : 소고기 / 비트 / 미역 / 연두부 오후 : 고구마 / 옥수수 / 사과	**11** 오전 : 닭안심 / 달걀노른자 / 애호박 / 당근 오후 : 고구마 / 사과	**12** 오전 : 소고기 / 모둠 버섯(양송이+느타리+팽이) / 양파 오후 : 대추
13 오전 : 소고기 / 애호박 오후 : 단호박 / 옥수수	**14** 오전 : 닭안심 / 당근 / 시금치 오후 : 연두부 / 청경채 / 비타민 / 양파	**15** 오전 : 소고기 / 양배추 / 미역 / 김 오후 : 두부 / 대추

중기 이유식 레시피
따라하기

- 중기 이유식 때도 초기 이유식 때처럼 항상 쌀은 냉장고에 불린 채로 보관해두세요. 쌀만 충분히 불려있어도, 이유식을 쉽고 빠르게 만들 수 있거든요.
- 이때부터는 다시마육수를 이용해보세요. 다시마 5×5cm 크기의 조각을 흐르는 물에 깨끗이 씻은 뒤, 생수 4컵에 넣어 냉장고에 넣어둡니다. 항상 냉장 보관하고 이유식 만들 때마다 꺼내서 육수로 사용하면 돼요. <u>이 책의 레시피에는 수분을 생수로 표기하고 있는데요, 다시마육수를 만들어두신 분은 생수 대신 사용하시면 돼요. 평소 구기자물이나 채소육수를 사용하신다면, 그걸로 대체하셔도 돼요.</u>
- 하루에 한 번은 무조건 소고기 혹은 닭안심이 들어갑니다.
- 알레르기성 피부를 가지고 있는 아기라면 금지해야 하는 식재료를 다른 식재료로 대체해주세요.
- 전날 아기의 변에 따라 양배추(25그램)를 추가로 넣어서 만들어도 좋아요.
- 레시피 상 중기와 후기 이유식을 이름으로 구분해놓았어요. 죽으로 되어있어도 물 양을 조금 줄이고 쌀을 갈지 않고 만들면

쌀은 늘 냉장고에 불려둡니다.

보리차나 옥수수차, 혹은 루이보스티를
매일 끓여 미지근하게 해서 먹이세요.

진밥이 되고, 진밥이라고 레시피 상 되어있어도 쌀알을 조금 간 뒤 물 양을 조금 늘리면 죽이 되겠지요. 중기 · 후기의 레시피는 쌀알과 수분의 형태에 따라 아주 미묘한 차이가 나니, 냉장고 식재료와 아기의 상태에 따라 다양하게 해서 먹이세요.

- 중기 이유식 후반으로 갈수록 수분 양을 줄여 진밥의 형태로 조절해주세요. 레시피 상의 수분 양은 크게 중요하지 않아요. 레시피 재료의 조합에 집중하고 수분 양은 적당히 조절하세요.
- 쌀의 상태에 따라 수분 양이 달라지는 점도 참고해주세요.

소고기
양파죽

+ 재료

· 다진 소고기 10그램
· 불린 쌀 1큰술
· 양파 간 것 3그램
· 생수 8큰술

+ 재료 준비

소고기 : 최대한 곱게 다져
준다.

양파 : 강판을 이용해 곱게
갈아준다.

불린 쌀 : 미니절구에 넣고
빻아준다.

1   냄비에 재료를 모두 넣고 센불에서 끓인다.

2   팔팔 끓으면 약불로 줄여 7분간 잘 저어가며 끓여준
    후, 예쁜 볼에 담아 먹인다.

tip · 미음의 단계에서 죽의 단계로 넘어가는 과정에서는
     아기의 반응을 유심히 체크해야 해요. 미음만 좋아
     한다고 계속 미음 스타일의 이유식을 고집하다 보
     면, 자칫 덩어리진 이유식을 완전히 거부해버리는
     경우가 생기거든요.

     · 덩어리를 거부한다 싶으면, 이유식을 먹이면서 단단
     한 수저를 하나 꺼내 쌀알의 반을 더 으깨어주고 나
     머지는 만들어놓은 상태의 덩어리로 둔 뒤, 잘 섞어
     미세하게 식감의 변화를 주는 것도 한 가지 방법이
     에요.

소고기
양파
사과죽

+재료

· 다진 소고기 20그램
· 사과 간 것 1큰술
· 양파 간 것 3그램
· 불린 쌀 2큰술
· 생수 8큰술

+재료 준비

사과 & 양파 : 강판에 갈아
준다.

불린 쌀 : 미니절구에 넣고
빻아준다.

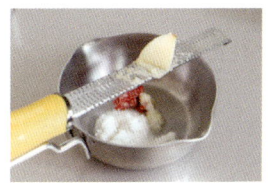

1 냄비에 재료를 모두 넣고 센불에서 끓인다.

2 팔팔 끓으면 약불로 줄여 7분간 잘 저어가며 끓인
후, 예쁜 볼에 담아 먹인다.

소고기
시금치 죽

+ 재료

· 다진 소고기 20그램
· 시금치 데쳐서 다진 것
  10그램
· 불린 쌀 2큰술
· 생수 7큰술

+ 재료 준비

시금치 : 팔팔 끓는 물에 잎 사귀 부분을 데친 뒤 찬물에 헹궈 곱게 다진다.

불린 쌀 : 적당히 빻는다.

1   냄비에 재료를 모두 넣고 센불에서 끓인다.

2   팔팔 끓으면 약약불로 줄여 7~9분간 잘 저어가며 끓인 후, 예쁜 볼에 담아 먹인다.

tip   소고기는 하루에 20그램씩 섭취하는 게 좋아요.

소고기 시금치 양파죽

+ 재료

- · **다진 소고기** 20그램
- · **시금치 데쳐서 다진 것**
  5그램
- · **양파 간 것** 2그램
- · **불린 쌀** 2큰술
- · **생수** 8큰술

+ 재료 준비

시금치 : 팔팔 끓는 물에 잎 사귀 부분을 적당한 크기로 잘라 넣어 살짝 데친 뒤 찬 물에 헹궈 곱게 다진다.

양파 : 강판에 갈아준다.

불린 쌀 : 미니절구에 넣고 빻아준다.

1 냄비에 재료를 모두 넣고 센불에서 끓인다.

2 팔팔 끓으면 약불로 줄여 7분간 잘 저어가며 끓인 후, 예쁜 볼에 담아 먹인다.

tip 달큰한 맛을 조금 주기 위해 새로운 식재료의 향을 망 치지 않는 정도의 소량의 양파를 넣어줬어요.

소고기고구마근대죽

+ 재료

· 다진 소고기 20그램
· 데쳐서 다진 근대 5그램
· 찐 고구마 으깬 것 20그램
· 불린 쌀 2큰술
· 생수 8큰술

+ 재료 준비

고구마 : 미니찜기에 올려 젓가락이 푹 쉽게 들어갈 정도로 쪄준 뒤 껍질을 벗기고 곱게 으깬다.

근대 : 팔팔 끓는 물에 잎사귀를 넣어 데친 뒤 찬물에 헹궈 꼭 짜고 곱게 다진다.

불린 쌀 : 미니절구에 넣고 빻아준다.

1 냄비에 재료를 모두 넣고 센불에서 끓인다.

2 팔팔 끓으면 약불로 줄여 7분간 잘 저어가며 끓인 후, 예쁜 볼에 담아 먹인다.

tip 이맘때(200일쯤)의 한비는 60그램 정도의 양을 먹었네요~!

소고기
단호박
양파죽

- 다진 소고기 20그램
- 단호박 쪄서 으깬 것
  10그램
- 양파 간 것 3그램
- 불린 쌀 2큰술
- 생수 8큰술

+재료 준비

보짱(작은 미니 단호박)
: 찜기에 쪄서 6등분한 뒤
안쪽 씨는 제거하고 이유
식에 쓸 한 조각은 으깨준
뒤 남은 보짱은 10그램 분
량씩 소분하여 냉동한다.

양파 : 강판에 갈아준다.

불린 쌀 : 미니절구에 넣고
빻아준다.

1 냄비에 재료를 모두 넣고 센불에서 끓인다.

2 팔팔 끓으면 약불로 줄여 7분간 잘 저어가며 끓인
후, 예쁜 볼에 담아 먹인다.

소고기
단호박
완두콩죽

+재료

· 다진 소고기 20그램
· 단호박 쪄서 껍질 벗겨
  으깬 것 20그램
· 완두콩 삶아서
  으깬 것 10그램
· 불린 쌀 2큰술
· 생수 6큰술

+재료 준비

단호박 : 푹 찐 뒤 껍질을 벗기고 곱게 으깨어준다.

완두콩 : 팔팔 끓는 물에 삶거나 찐 뒤 채반에 곱게 내려준다.

불린 쌀 : 미니절구에 넣고 빻아준다.

1 냄비에 재료를 모두 넣고 센불에서 끓인다.

2 팔팔 끓으면 약불로 줄여 7분간 잘 저어가며 끓인 후, 예쁜 볼에 담아 먹인다.

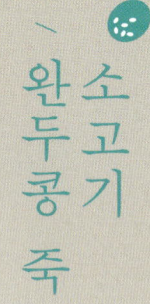

소고기
완두콩 죽

+ 재 료

· 다진 소고기 20그램
· 완두콩 데쳐서 으깬 뒤
  채반에 거른 것 10그램
· 불린 쌀 2큰술
· 물 6큰술

+ 재 료 준 비

완두콩 : 팔팔 끓는 물에 껍
질 벗긴 완두콩을 넣고 푹 삶
아준 뒤 곱게 으깬다. 채반
에 한 번 더 내려 사용한다.

불린 쌀 : 미니절구에 불린
쌀을 넣고 빻아준다.

1 냄비에 재료를 모두 넣고 센불에서 끓인다.

2 팔팔 끓으면 약불로 줄여 7분간 잘 저어가며 끓여준
   후, 예쁜 볼에 담아 먹인다.

tip 완두콩은 재료 손질이 조금 귀찮은 식재료지요. 한 번
     손질할 때 주먹 분량만큼 손질해 냉동실에 소분해두
     면 좋아요.

소고기
단호박
양송이버섯 죽

· 다진 소고기 20그램
· 양송이버섯 다진 것
  5그램
· 단호박 쪄서 으깬 것
  10그램
· 양파 간 것 2그램
· 불린 쌀 2큰술
· 생수 8큰술

+ 재 료 준 비

양송이버섯 : 곱게 다져준다.

양파 : 강판에 갈아준다.

불린 쌀 : 미니절구에 넣고
빻아준다.

1   냄비에 재료를 모두 넣고 센불에서 끓인다.

2   팔팔 끓으면 약불로 줄여 7분간 잘 저어가며 끓인
    후, 예쁜 볼에 담아 먹인다.

tip 입자의 굵기에 조금씩 변화를 주어야 해요. 조금씩 입
     자가 느껴지게 만들고 있으신 거지요? ^^

소고기 양송이버섯 양배추 다시마죽

+ 재료

· 다진 소고기 20그램
· 불린 다시마 다진 것
  1큰술
· 양배추 데쳐서 다진 것
  25그램
· 양송이버섯
  1개 분량 다진 것
· 불린 쌀 2큰술
· 생수 8큰술

+ 재료 준비

다시마 : 5×5cm 크기의 다시마를 잘 씻어 염분기를 제거하고, 찬물에 담가 불린 뒤 채 썰어 곱게 다진다. 다시마 불린 물은 육수로 사용한다.

양배추 : 팔팔 끓는 물에 심지 제거한 양배추를 데친 뒤 곱게 다진다.

양송이버섯 : 곱게 다진다.

불린 쌀 : 절구에 적당한 크기로 빻아준다.

1 냄비에 재료를 모두 넣고 센불에서 끓인다.

2 팔팔 끓으면 약약불로 줄여 7분간 잘 저어가며 끓인 후, 예쁜 볼에 담아 먹인다.

소고기
양송이버섯
양배추
청경채 죽

+ 재료

· 다진 소고기 20그램
· 양배추 데쳐서
  곱게 다진 것 25그램
· 양송이버섯 곱게 다진 것
  30그램
· 청경채 데쳐서 다진 것
  5그램
· 불린 쌀 2큰술
· 생수 8큰술

+ 재료 준비

양배추 : 팔팔 끓는 물에 심
지 제거한 양배추를 데쳐준
뒤 곱게 다지고, 데친 물은
육수로 사용한다.

양송이버섯 : 곱게 다진다.

청경채 : 팔팔 끓는 물에 잎
사귀 부분을 살짝 데친 뒤
찬물에 씻어 꼭 짠 뒤 곱게
다진다.

불린 쌀 : 절구에 적당한 크
기로 빻아준다.

1 냄비에 재료를 모두 넣고 센불
   에서 끓인다.

2 팔팔 끓으면 약약불로 줄여 7분
   간 잘 저어가며 끓인 후, 예쁜
   볼에 담아 먹인다.

소고기
양배추
청경채
팽이버섯 죽

+ 재료

· 다진 소고기 20그램
· 팽이버섯 다진 것 5그램
· 양배추 쪄서 다진 것
   10그램
· 청경채 데쳐서 다진 것
   5그램
· 불린 쌀 2큰술
· 생수 8큰술

+ 재료 준비

팽이버섯 : 곱게 다진다.

양배추 : 굵은 심지를 제거하고 김 오른 찜기에 푹 쪄준 뒤 곱게 다진다.

청경채 : 팔팔 끓는 물에 잎 부분을 넣어 살짝 데친 뒤 찬물에 헹궈 꼭 짜서 곱게 다진다.

불린 쌀 : 적당한 굵기로 빻아준다.

1 냄비에 재료를 모두 넣고 센불에서 끓인다.

2 팔팔 끓으면 약약불로 줄여 7분간 잘 저어가며 끓인 후, 예쁜 볼에 담아 먹는다.

tip 한비가 변비로 조금 고생했을 때 평소보다 양배추의 양을 늘려주니 다시 건강한 변을 보기 시작했어요. 변비가 있는 아기들의 이유식에 양배추 데쳐 다진 것을 꾸준히 첨가해 이유식을 만들어보세요. 달큰한 맛도 나며, 건강한 변을 보는 데 도움이 될 거예요.

소고기
양배추
애호박
당근죽

- 다진 소고기 20그램
- 애호박 껍질 제거하고
  다진 것 30그램
- 당근 껍질 제거하고
  곱게 다진 것 10그램
- 양배추 데쳐서
  곱게 다진 것 10그램
- 불린 쌀 2큰술
- 생수 8큰술

+ 재료 준비

애호박 & 당근 : 비슷한 크기로 곱게 다진다.

양배추 : 심지는 제거하고 데치거나 찐 뒤 곱게 다진다.

불린 쌀 : 적당한 크기로 절구에 빻아준다.

1 냄비에 재료를 모두 넣고 센불에서 끓인다.

2 팔팔 끓으면 약약불로 줄여 7분간 잘 저어가며 끓인 후, 예쁜 볼에 담아 먹인다.

tip 아기가 당근 입자를 싫어한다면, 불린 쌀+생수+당근을 먼저 끓여 당근을 익힌 뒤, 다른 재료를 넣어보세요.

닭안심
대추죽

+ 재 료

· 닭안심 분유물에
  데쳐서 다진 것 30그램
· 대추 삶아서 체에
  곱게 걸러낸 것 10그램
· 불린 쌀 2큰술
· 생수 7큰술

+ 재료 준비

닭안심 : 물 2컵에 분유 5그
램을 넣고 닭안심을 10분가
량 삶아준 뒤, 바로 꺼내지
않고 10분가량 더 뒀다가
꺼내 곱게 다진다.

대추 : 씨를 제거하고 팔팔
끓는 물에 데친 뒤 채반에
곱게 내린다.

불린 쌀 : 적당히 빻는다.

1   냄비에 재료를 모두 넣고 중불에서 끓인다.

2   모든 재료가 잘 어우러질 정도로 섞어준 뒤, 예쁜 볼
    에 담아 먹는다.

tip • 구기자가 있다면 구기자로 물을 우려내 생수 대신
     사용해보세요.

     • 구기자물 만들기: 냄비에 구기자 25그램을 넣어 마
     른 팬에 살살 볶아준 뒤, 볶은 구기자에 1리터의 생
     수를 붓고 센불에서 팔팔 끓입니다. 팔팔 끓으면 중
     약불로 줄이고 15분 뒤 불을 끄세요. 체에 걸러 육수
     통에 옮겨 완전히 식힌 뒤 냉장 보관합니다.

     • 한비는 대추를 너무 좋아해서 잘 안 먹는 이유식에는
     대추를 조금씩 넣어 만들곤 했어요. 대추 손질이 귀
     찮고 손이 많이 가니 아기가 좋아한다면 한번에 양
     을 조금 많이 손질해서 소분 후 냉동 보관하세요.

닭안심단호박양파죽

+재료

· **닭안심 분유물에 데쳐서 다진 것** 20그램
· **단호박 쪄서 으깬 것** 10그램
· **양파 간 것** 3그램
· **불린 쌀** 2큰술
· **생수** 8큰술

+재료 준비

닭안심 : 물 2컵에 분유 5그램을 넣고 닭안심을 10분가량 삶아준 뒤, 바로 꺼내지 않고 10분가량 더 뒀다가 꺼내 곱게 다진다.

단호박 : 찜기에 쪄서 안쪽 씨는 제거한 뒤 필요한 분량만큼 채반에 곱게 내린다.

양파 : 강판에 갈아준다.

불린 쌀 : 미니절구에 넣고 빻아준다.

1 냄비에 재료를 모두 넣고 센불에서 끓인다.

2 팔팔 끓으면 약불로 줄여 7분간 잘 저어가며 끓인 후, 예쁜 볼에 담아 먹는다.

tip 닭안심 한 덩이를 삶아 다지면 15그램 분량 정도가 나와요.

닭안심 단호박 브로콜리 죽

+ 재 료

· 닭안심 분유물에 데쳐서
  다진 것 20그램
· 브로콜리 데쳐서
  잘게 다진 것 5그램
· 단호박 쪄서 으깬 것
  20그램
· 불린 쌀 2큰술
· 생수 8큰술

+ 재 료 준 비

닭안심 : 물 2컵에 분유 5그램을 넣고 닭안심을 10분가량 삶아준 뒤 바로 꺼내지 않고 10분가량 더 뒀다가 꺼내 곱게 다진다.

단호박 : 찜기에 쪄서 안쪽 씨는 제거한 뒤 필요한 분량만큼 채반에 곱게 내린다.

브로콜리 : 끓는 물에 송이 부분을 데친 뒤 곱게 다진다.

불린 쌀 : 미니절구에 넣고 빻아준다.

1 냄비에 재료를 모두 넣고 센불에서 끓인다.

2 팔팔 끓으면 약불로 줄여 7분간 잘 저어가며 끓인 후, 예쁜 볼에 담아 먹는다.

닭안심 밤 양배추죽

+재료

· **닭안심 분유물에 데쳐서 다진 것** 20그램
· **밤 쪄서 으깬 것** 20그램
· **양배추 데쳐서 다진 것** 25그램
· **불린 쌀** 2큰술
· **생수** 8큰술

+재료 준비

닭안심 : 물 2컵에 분유 5그램을 넣고 닭안심을 10분가량 삶아준 뒤 바로 꺼내지 않고 10분가량 더 뒀다가 꺼내 곱게 다진다.

밤 : 껍질 벗긴 밤은 미니찜기에 충분히 푹 쪄주거나 압력밥솥에 쪄준다.

양배추 : 두꺼운 심지를 제거한 양배추는 팔팔 끓는 물에 데친 뒤 곱게 다진다

불린 쌀 : 적당히 빻는다.

1 냄비에 재료를 모두 넣고 중불에서 끓인다.

2 모든 재료가 잘 어우러질 정도로 섞어준 뒤, 예쁜 볼에 담아 먹인다.

tip 수분이 없는 재료가 들어가면, 생수(혹은 육수)의 양을 미세하게 조절해서 완성되는 죽의 상태가 촉촉해지도록 만들어야 해요.

닭안심 밤 팽이버섯 깨죽

+재료

· 닭안심 분유물에 데쳐서
  다진 것 20그램
· 밤 쪄서 으깬 것 30그램
· 팽이버섯 다진 것
  20그램
· 깨 간 것 1/2큰술
· 불린 쌀 2큰술

+재료 준비

닭안심 : 물 2컵에 분유 5그램을 넣고 닭안심을 10분가량 삶아준 뒤 바로 꺼내지 않고 10분가량 더 뒀다가 꺼내 곱게 다진다.

밤 : 껍질을 제거하고 충분히 찐 뒤 으깬다.

팽이버섯 : 잘게 다진다.

불린 쌀 : 적당히 빻는다.

1 냄비에 깨를 제외한 재료를 모두 넣고 중불에서 끓인다.

2 모든 재료가 잘 어우러질 정도로 섞어준 뒤, 깨 간 것을 마지막에 넣어 한 번 저어준다.

느타리버섯 양배추 밤 닭안심 죽

- 닭안심 분유물에 데쳐서
  다진 것 30그램
- 밤 쪄서 으깬 것 20그램
- 양배추 데쳐서 다진 것
  25그램
- 느타리버섯 다진 것
  10그램
- 불린 쌀 2큰술
- 생수 7큰술

+ 재료 준비

닭안심 : 물 2컵에 분유 5그램을 넣고 닭안심을 10분가량 삶아준 뒤 바로 꺼내지 않고 10분가량 더 뒀다가 꺼내 곱게 다진다.

밤 : 껍질을 벗겨 찜기에 충분히 찐 뒤 으깬다.

양배추 : 두꺼운 심지를 제거하고 팔팔 끓는 물에 데친 뒤 곱게 다진다.

느타리버섯 : 곱게 다진다.

불린 쌀 : 적당히 빻는다.

1 냄비에 재료를 모두 넣고 중불에서 끓인다.

2 모든 재료가 잘 어우러질 정도로 섞어준 뒤, 예쁜 볼에 담아 먹인다.

양파죽　미역　양배추　닭안심

+ 재료

· 닭안심 분유물에 데쳐서
  다진 것 30그램
· 양배추 데쳐서
  다진 것 25그램
· 미역 불려서 다진 것
  10그램
· 양파 간 것 3그램
· 불린 쌀 2큰술
· 생수 7큰술

+ 재료 준비

닭안심 : 물 2컵에 분유 5그램을 넣고 닭안심을 10분가량 삶아준 뒤 바로 꺼내지 않고 10분가량 더 뒀다가 꺼내 곱게 다진다.

양배추 : 두꺼운 심지를 제거하고, 팔팔 끓는 물에 데쳐 내어 곱게 다진다.

미역 : 찬물에 불려 꼭 짠 뒤 곱게 다진다.

양파 : 강판에 간다.

불린 쌀 : 적당히 빻는다.

1 냄비에 재료를 모두 넣고 중불에서 끓인다.

2 모든 재료가 잘 어우러질 정도로 섞어준 뒤, 예쁜 볼에 담아 먹인다.

tip 미역은 불려 다진 뒤 남은 건 소분 후 냉동 보관하세요. 생선이 들어가는 요리에 함께 응용해 사용하세요.

닭안심 양배추 양송이버섯 브로콜리죽

+ 재료

- 닭안심 분유물에 데쳐서
  다진 것 20그램
- 양배추 데쳐서
  다진 것 25그램
- 양송이버섯 다진 것
  10그램
- 브로콜리 데쳐서
  다진 것 10그램
- 불린 쌀 2큰술
- 생수 7큰술

+ 재료 준비

닭안심 : 물 2컵에 분유 5그램을 넣고 닭안심을 10분가량 삶아준 뒤 바로 꺼내지 않고 10분가량 더 뒀다가 꺼내 곱게 다진다.

양배추 : 두꺼운 심지를 제거하고 팔팔 끓는 물에 데친 뒤 곱게 다진다.

양송이버섯 : 곱게 다진다.

브로콜리 : 팔팔 끓는 물에 송이 부분을 데친 뒤 곱게 다진다.

불린 쌀 : 적당히 빻는다.

1 냄비에 재료를 모두 넣고 센불에서 끓인다.

2 팔팔 끓으면 약약불로 줄여 7~9분간 잘 저어가며 끓인 후, 예쁜 볼에 담아 먹는다.

닭안심
미역
느타리버섯 죽

+ 재료

- **닭안심 분유물에 데쳐서 다진 것** 20그램
- **불린 미역 곱게 다진 것** 5그램
- **느타리버섯 곱게 다진 것** 10그램
- **양파 간 것** 3그램
- **불린 쌀** 2큰술
- **생수** 7큰술

+ 재료 준비

닭안심 : 물 2컵에 분유 5그램을 넣고 닭안심을 10분가량 삶아준 뒤 바로 꺼내지 않고 10분가량 더 뒀다가 꺼내 곱게 다진다.

미역 : 미역 1큰술가량을 물에 야들야들해질 때까지 불린 뒤 곱게 다진다.

느타리버섯 : 다른 재료와 비슷한 크기로 곱게 다진다.

양파 : 강판에 간다.

불린 쌀 : 절구에 적당한 크기로 빻아준다.

1 냄비에 재료를 모두 넣고 센불에서 끓인다.

2 팔팔 끓으면 약약불로 줄여 7분간 잘 저어가며 끓인 후, 예쁜 볼에 담아 먹인다.

닭안심 멸치 브로콜리 김죽

+재료

- 닭안심 분유물에 데쳐서 다진 것 20그램
- 잔멸치 곱게 다진 것 1큰술
- 브로콜리 데쳐서 다진 것 20그램
- 마른 김 3장
- 불린 쌀 2큰술
- 생수 9큰술

+재료 준비

닭안심 : 물 2컵에 분유 5그램을 넣고 닭안심을 10분가량 삶아준 뒤 바로 꺼내지 않고 10분가량 더 뒀다가 꺼내 곱게 다진다.

잔멸치 : 생수에 30분가량 담가 짠기를 없앤 뒤 물기를 제거하고 곱게 다진다.

브로콜리 : 팔팔 끓는 물에 송이 부분을 넣어 데친 뒤 곱게 다진다.

마른 김 : 살짝 구운 뒤 비닐에 넣어 비닐 윗부분을 잡고 부셔준다.

1 냄비에 재료를 모두 넣고 중불에서 끓인다.

2 모든 재료가 잘 어우러질 정도로 섞어준 뒤, 예쁜 볼에 담아 먹인다.

고구마
배
죽

+재 료

· **고구마 쪄서 으깬 것**
  40그램
· **배 간 것** 2큰술
· **불린 쌀** 2큰술
· **생수** 7큰술

+재 료 준 비

고구마 : 껍질을 제거하고 찜기를 이용해 푹 찐 뒤 으깨어준다.

배 : 껍질을 벗긴 뒤 강판에 갈아준다.

불린 쌀 : 적당히 빻는다.

1 냄비에 재료를 모두 넣고 센불에서 끓인다.

2 팔팔 끓으면 약약불로 줄여 7분간 잘 저어가며 끓인 후, 예쁜 볼에 담아 먹인다.

고구마
대추죽

+ 재료

· 고구마 쪄서 으깬 것
  80그램
· 대추 데쳐서 곱게 내린 것
  10그램
· 불린 쌀 2큰술
· 생수 9큰술

+ 재료 준비

고구마 : 껍질을 벗긴 후 찜기에 충분히 쪄서 으깬다.

대추 : 씨를 제거한 뒤 팔팔 끓는 물에 데쳐내고, 채반에 곱게 내린다.

불린 쌀 : 적당히 빻는다.

1 냄비에 재료를 모두 넣고 중불에서 끓인다.

2 모든 재료가 잘 어우러질 정도로 섞어준 뒤, 예쁜 볼에 담아 먹인다.

고구마
﹨
흑
임
자
죽

+ 재 료

· **고구마 쪄서 으깬 것**
  80그램
· **흑임자 빻은 것** 5그램
· **불린 쌀** 2큰술
· **생수** 7큰술

+ 재 료 준 비

고구마 : 껍질을 벗기고 찜기에 충분히 찐 뒤 으깨어 준다.

흑임자 : 절구에 빻아준다.

불린 쌀 : 적당히 빻는다.

1 냄비에 흑임자를 제외한 나머지 재료를 모두 넣고 중불에서 끓인다.

2 팔팔 끓으면 흑임자를 넣고 모든 재료가 잘 어우러질 정도로 섞어준 뒤, 예쁜 볼에 담아 먹인다.

고구마
밤
흑임자
죽

· **고구마 쪄서 으깬 것**
  50그램
· **밤 쪄서 으깬 것** 30그램
· **흑임자 빻은 것** 1/2큰술
· **불린 쌀** 2큰술
· **생수** 8큰술

+ 재 료 준 비

고구마 : 껍질을 벗기고 찜기
에 충분히 쪄준 뒤 으깬다.

밤 : 껍질을 벗기고 찜기에
충분히 쪄준 뒤 으깬다.

흑임자 : 곱게 빻는다.

불린 쌀 : 적당히 빻는다.

1 냄비에 흑임자를 제외한 나머지 재료를 모두 넣고
중불에서 끓인다.

2 팔팔 끓으면 흑임자를 넣고 모든 재료가 잘 어우러
질 정도로 섞어준 뒤, 예쁜 볼에 담아 먹인다.

고구마
양배추
비트죽

- **고구마 쪄서 으깬 것**
  80그램
- **양배추 데쳐서 다진 것**
  30그램
- **비트 쪄서 다진 것** 5그램
- **불린 쌀** 2큰술
- **생수** 7큰술

+ 재 료 준 비

고구마 : 껍질을 벗긴 다음 찜기에 충분히 쪄서 으깬다.

양배추 : 두꺼운 심지를 제거하고 팔팔 끓는 물에 데친 뒤 곱게 다진다.

비트 : 껍질을 제거한 후 적당한 크기로 썰어 푹 찐 뒤 곱게 다진다.

불린 쌀 : 적당히 빻는다.

1 냄비에 비트를 제외한 나머지 재료를 모두 넣고 중불에서 끓인다.

2 팔팔 끓으면 비트를 넣고 모든 재료가 잘 어우러질 정도로 섞어준 뒤, 예쁜 볼에 담아 먹인다.

tip 남은 비트는 엄마 아빠 피클 담글 때 넣어 만드세요. 철분이 많은 식재료에요.

고구마
배브로콜리
밤퓨레

- **고구마 쪄서 으깬 것**
  60그램
- **밤 쪄서 으깬 것** 40그램
- **배 간 것** 2큰술
- **브로콜리 데쳐서 다진 것**
  20그램
- **생수** 5큰술

+재 료 준 비

고구마 : 껍질을 벗긴 다음
찜기에 충분히 쪄서 으깬다.

밤 : 껍질을 벗긴 다음 찜기
에 충분히 쪄서 으깬다.

배 : 강판에 갈아준다.

브로콜리 : 팔팔 끓는 물에
송이 부분을 데친 뒤 곱게
다진다.

1 냄비에 재료를 모두 넣고 중불에서 끓인다.

2 모든 재료가 잘 어우러질 정도로 섞어준 뒤, 예쁜 볼
에 담아 먹인다.

밤 스프

+ 재료

· **밤 쪄서 으깬 것** 100그램
· **분유물**
　(물 1/2컵 + 분유 1큰술)

+ 재료 준비

밤 : 껍질을 제거한 뒤 찜기
에 충분히 쪄서 으깬다.

분유물 : 따뜻한 물 1/2컵에
분유 1큰술을 넣어 잘 섞어
놓는다.

1 밤과 분유물을 냄비에 담고 중불에서 잘 섞어준다.

2 핸드블렌더를 이용해 아기가 먹기 좋은 정도로 갈아
　 준 다음, 예쁜 볼에 담아 먹인다.

밤 대 배
추 죽

+재료

- **밤 쪄서 으깬 것** 30그램
- **대추 데쳐서 곱게 내린 것** 10그램
- **배 간 것** 2큰술
- **불린 쌀** 2큰술
- **생수** 7큰술

+재료 준비

밤 : 껍질을 벗긴 뒤 찜기에 푹 쪄서 으깨어준다.

대추 : 씨를 제거하고 팔팔 끓는 물에 데쳐낸 뒤 채반에 곱게 내린다.

배 : 강판에 간다.

불린 쌀 : 적당히 빻는다.

1 냄비에 재료를 모두 넣고 센불에서 끓인다.

2 팔팔 끓으면 약약불로 줄여 7~9분간 잘 저어가며 끓인 후, 예쁜 볼에 담아 먹인다.

연두부
대추
완두콩
죽

- **연두부** 1큰술
- **삶아서 빻은 완두콩**
  1큰술
- **대추 데쳐서 곱게
  내린 것** 5그램
- **불린 쌀** 2큰술
- **생수** 6큰술

+ 재 료 준 비

완두콩 : 충분히 삶아 절구
에 빻은 뒤 채반에 곱게 내
린다.

대추 : 씨를 발라낸 뒤 끓는
물에 삶아서 채반에 곱게
내린다.

불린 쌀 : 절구에 적당히 빻
아준다.

1 냄비에 재료를 모두 넣고 센불에서 끓인다.

2 팔팔 끓으면 약약불로 줄여 7분간 잘 저어가며 끓인
후, 예쁜 볼에 담아 먹인다.

사과
고구마
양배추
죽

- 껍질 벗겨 다진 사과
  30그램
- 고구마 쪄서 으깬 것
  20그램
- 양배추 데쳐 다진 것
  20그램
- 불린 쌀 2큰술
- 생수 8큰술

+ 재 료 준 비

사과 : 껍질을 벗긴 뒤 곱게 다진다.

고구마 : 껍질을 벗긴 다음 푹 쪄서 으깬다.

양배추 : 심지를 제거하고 팔팔 끓는 물에 데쳐낸 뒤 곱게 다진다. 양배추 데친 물은 생수 대용으로 사용해도 좋다.

불린 쌀 : 절구에 적당한 크기로 빻아준다.

1 냄비에 재료를 모두 넣고 센불에서 끓인다.

2 팔팔 끓으면 약약불로 줄여 7분간 잘 저어가며 끓인 후, 예쁜 볼에 담아 먹는다.

tip · 중기에서 후기로 넘어갈 때쯤의 이유식 진행은 아이의 반응을 유심히 잘 살펴보세요. 이때쯤이면 아기의 이빨이 어느 정도 올라온 아가들도 있을 거예요. 실제로 8개월 말, 9개월쯤이 되면 쌀을 거의 빻지 않고 진행이 되도 아기가 거부감 없이 잘 먹는 경우도 있을 거고요.

· 한비는 이빨이 돌쯤부터 나기 시작했었지만, 그래도 잇몸을 이용해 오물오물 잘 씹어 먹을 때였었거든요. 작은 쌀알의 미세한 크기에 아기들은 생각보다 민감하게 반응하니 아기의 기호에 맞게 쌀알의 크기를 잘 조정해주셔야 해요. 미세하게 조금씩 크기 변화를 주다가 나중에는 쌀을 빻지 않고 진행이 되어야 하니까요.

사과
브로콜리
양파죽

- 껍질 제거한 사과
  다진 것 30그램
- 브로콜리 데쳐서
  다진 것 10그램
- 양파 간 것 3그램
- 불린 쌀 2큰술
- 생수 8큰술

+재료 준비

사과 : 껍질을 벗겨서 채 썬
후, 쌀알 크기로 곱게 다진다.

브로콜리 : 팔팔 끓는 물에
송이 부분을 데친 뒤 곱게
다진다.

양파 : 강판에 갈아준다.

불린 쌀 : 절구에 적당히 빻
아준다.

1   냄비에 재료를 모두 넣고 센불에서 끓인다.

2   팔팔 끓으면 약약불로 줄여 7분간 잘 저어가며 끓인
    후, 예쁜 볼에 담아 먹인다.

▶ ▶ ▶ 중기

아기 간식
모음

- 당근 스틱 : 아기가 쥐고 먹기 편한 사이즈로 당근을
  잘라준 뒤 찜기에 푹 쪄서 간식으로 준다.
- 배 퓨레 : 배 1/2개 분량을 강판에 갈아 예쁜 볼에 담아
  먹인다.
- 사과 퓨레 : 사과 1/2개 분량을 강판에 갈아 예쁜 볼에 담아
  먹인다.
- 복숭아 퓨레 : 복숭아 1/2개 분량을 강판에 갈아 예쁜 볼에
  담아 먹인다.
- 잘게 자른 귤 : 귤 껍질을 벗긴 뒤 흰색 실 같은 부분도
  깨끗하게 벗겨내고 하얀 막도 제거한다. 아기의 한입 크기
  분량으로 과육을 손으로 잘 나눠서 예쁜 볼에 담아 먹인다.

- 찐 콩 : 콩을 반나절가량 충분히 불린다. 엄마 아빠 밥할
  때 쌀 위에 콩을 올려 함께 익힌다. 밥이 완성된 뒤 충분히
  부드럽게 익은 콩을 건져 아기의 간식용으로 먹인다.
- 고구마 쪄서 으깬 것 : 껍질 벗긴 고구마는 찜기에 충분히
  찐 뒤 으깨어준다. 분유물이나 모유를 조금 넣어 부드럽게
  잘 섞어준 뒤 먹인다.
- 단호박 쪄서 으깬 것 : 푹 찐 단호박의 안쪽 씨를 제거하고
  껍질을 벗긴 뒤 부드럽게 채반에 내려준다. 예쁜 볼에 담아
  먹인다.

PART 4

후기
이유식

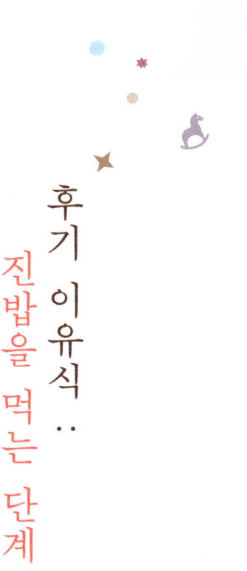

후기 이유식 ..
진밥을 먹는 단계

이유식 양 : 평균 100그램~150그램

이유식 횟수 : 3회 + 간식 1~2회

수유 횟수 : 3~4회 (500~700ml)

10개월쯤 되면, 이제 우리 아가들의 음식 성향을 조금씩 파악해갈 수 있어요.
아기들이 좋아하는 식재료들이 생기기 시작하고, 입자 크기를 어떻게 조절할
지 어느 정도 파악이 된 상태일 거예요. 그러니 이제부터는 아기들의 상황에
맞게 식재료를 미리 손질하고 준비해두세요.

후기 이유식에 맞는
식재료 소분법과 분량

앞서 이유식 재료를 소분하고 보관하는 방법에 대해 말씀드렸었는데요. 저처럼 한 번 만들 때 2~3회 분량을 만들어 냉동실에 보관해둔 엄마도 있으실 거고, 지금까지 그때그때 정량의 이유식을 만들어 먹였던 부지런한 엄마들도 있으실 거예요.

하지만 후기에 들어서면 이유식 횟수가 더 늘어나기 때문에 매번 다른 이유식을 먹이는 게 쉽지 않아요. 그래서 후기 이유식은 2회 분량을 한번에 만드는 게 좋아요. 한번에 2회 분량을 만들어 한 끼는 바로 먹이고 한 끼 분량은 냉동해두었다 다음 날이나 그 다음 날 먹이는 방식이죠. 이렇게 하다 보면, 일주일 동안 더 다양한 이유식을 먹일 수 있어요. 그러니 후기 이유식을 할 때는 모든 재료를 2회 분량의 양만큼 소분하여 냉동하거나 재료 손질을 하면 좋답니다.

- 쌀 : 충분히 불려 60그램씩(2회 분량) 소분하여 냉동
- 대추 : 20그램씩(2회 분량) 소분하여 냉동
- 밤 / 고구마 / 단호박 : 70그램씩(2회 분량) 소분하여 냉동
- 푸른잎채소(아욱 / 청경채 / 근대 / 시금치 등) : 15그램씩(2회 분량) 소분하여 냉동
- 브로콜리 : 40그램씩(2회 분량) 소분하여 냉동
- 배 : 강판에 갈아서 2큰술씩 소분하여 냉동
- 양배추 : 데쳐서 40그램씩(2회 분량) 소분하여 냉동

* 웬만한 재료들은 모두 레시피에 나온 두 배 분량대로 소분하여 냉동하지만, 미역/양파/비트는 2배 분량으로 늘리지 않고 한 끼 분량으로 만들 때와 동일한 재료의 양만큼 넣어줍니다.

후기 이유식 만들기
노하우

- 책에 소개한 후기 이유식 레시피는 한 끼 분량의(완성되는 양이 대부분 120~130그램 정도 되는) 레시피입니다.
- 불린 쌀은 이제 더 이상 빻지 않고 〈쌀 : 찹쌀 = 3 : 1의 비율〉의 진밥 형태로 진행합니다. 레시피에 불린 쌀이라고 표기된 건 쌀과 찹쌀을 이 비율대로 섞어서 불려놓은 양을 이야기합니다.
- 수분은 생수라고 표기하지만, 다시마육수나 소고기육수를 만들어두고 사용하면 조금의 감칠맛이 가미되어 아기들의 미각

을 자극시켜줄 거예요. 그때그때 준비해둔 육수로 이유식을 만
드세요.

- 실제 필요한 수분의 양은 쌀의 상태에 따라 집집마다 달라질
  수 있어요. 레시피에 적힌 양을 기준으로 부족하면 한 큰술, 두
  큰술씩 더 넣어 완성하세요.

- 불린 쌀을 육수물에 넣고 끓일 때, 단단한 당근이나 무 같은 재
  료는 처음부터 넣고 함께 밥을 해주면 됩니다.

- 무른 채소의 경우(애호박, 가지, 버섯, 양파 등)는 밥이 다 된
  상태에서 소고기를 넣고 익혀준 뒤, 마지막 단계에 넣어 3~4분
  가량 익혀주면 금방 익어요.

- 차퍼나 푸드프로세서를 이용할 경우엔 단단한 채소끼리 넣어
  잘게 다지고 접시에 옮긴 뒤, 다시 무른 채소끼리 넣어 잘게 다
  지고 접시에 담아준 뒤 이유식을 진행하면 됩니다. 한번에 단
  단한 채소와 무른 채소를 넣고 돌릴 경우, 이유식 만드는 과정
  에서 완전히 익지 않는 채소들이 생기니까요.

- 쌀알 그대로 완성되는 이유식은 완성된 단계의 쌀알이 입 안
  에서 부드럽게 씹히는 정도로 만들어야 아이가 부담 없이 먹을
  수 있어요. 마지막에 엄마가 꼭 조금씩 맛을 보세요.

- 아기의 이빨이 얼마나 올라오고 있는지 유심히 관찰해주세요.
  그리고 아이가 먹는 모습을 유심히 관찰한 뒤 쌀알의 형태에
  조금씩 변화를 주어 씹을 수 있게 도와주어야 합니다.

tip 10개월 때 한비의 패턴

7시 : 분유 200ml

11시 : 오전 이유식(철분이 포함되어 있는 이유식 130그램)

3시 : 오후 이유식(130그램)

7시 : 저녁 이유식(구황작물이 포함된 이유식 130그램)

9시 : 분유 240ml

* 중간중간 간식은 아래의 것들을 조금씩 돌아가며 주었어요.

−고구마나 밤 찐 것을 큐브 모양으로 자른 것

−건포도 5알

−과일을 간 퓨레 형태

−채소를 쪄서 큐브 모양으로 자른 것

−마른 김을 구워서 조각조각 잘라 혼자 집어먹을 수 있도록 했어요.

−유기농 떡뻥 4~5개

−리코타 치즈 2큰술

−유기농 아기 치즈 1장

소고기
무
들깨 진밥

+ 재료

· 다진 소고기 20그램
· 무 곱게 채 썬 것
  40그램
· 양파 간 것 3그램
· 들깨가루 1큰술
· 불린 쌀 2큰술
· 생수 9큰술

+ 재료 준비

무 : 곱게 채 썬다.

양파 : 강판에 간다.

1 불린 쌀에 생수와 채 썬 무를 넣고 센불에서 끓이기 시작한다. 팔팔 끓어오르기 시작하면 중약불로 줄인 뒤 계속 저어가며 쌀알을 충분히 익힌다.

2 물이 거의 자작자작하게 줄어들면 약약불로 줄인 뒤 계속 저어주다가 쌀알이 입 안에서 부드럽게 으깨질 정도가 되면 나머지 재료를 넣는다.

3 재료가 익을 때까지 잘 저어준 후 예쁜 볼에 담아 먹인다.

소고기
대추
단호박 진밥

+ 재료

· 다진 소고기 20그램
· 대추 데친 뒤 곱게
  내린 것 10그램
· 단호박 쪄서 으깬 것
  30그램
· 불린 쌀 2큰술
· 생수 9큰술

+ 재료 준비

대추 : 씨 부분을 제거하고
팔팔 끓는 물에 데쳐낸 뒤
채반에 곱게 내린다.

단호박 : 찜기에 충분히 찐
뒤 씨를 제거하고 으깬다.

1 불린 쌀에 생수를 넣고 센불에서 끓이기 시작한다.
팔팔 끓어오르기 시작하면 중약불로 줄인 뒤 계속
저어가며 쌀알을 충분히 익힌다.

2 물이 거의 자작자작하게 줄어들면 약약불로 줄인 뒤
계속 저어주다가 쌀알이 입 안에서 부드럽게 으깨질
정도가 되면 모든 재료를 넣는다.

3 재료가 익을 때까지 잘 저어준 후 예쁜 볼에 담아 먹
인다.

소고기
미역
무진밥

+ 재 료

· 다진 소고기 20그램
· 미역 불려서 다진 것
  10그램
· 무 얇게 채 썬 것 30그램
· 불린 쌀 2큰술
· 생수 9큰술

+ 재 료 준 비

미역 : 물에 불려 다진다.

무 : 얇게 채 썬다.

1 불린 쌀에 생수를 넣고 채 썬 무와 함께 센불에서 끓이기 시작한다. 팔팔 끓어오르기 시작하면 중약불로 줄인 뒤 계속 저어가며 쌀알을 충분히 익힌다.

2 물이 거의 자작자작하게 줄어들면 약약불로 줄인 뒤 계속 저어주다가 쌀알이 입 안에서 부드럽게 으깨질 정도가 되면 나머지 재료를 넣는다.

3 재료가 익을 때까지 잘 저어준 후 예쁜 볼에 담아 먹인다.

소고기
미역
연두부
들깨진밥

+재료

· 다진 소고기 20그램
· 미역 불려서 다진 것
  10그램
· 연두부 2큰술
· 들깨가루 1/2큰술
· 불린 쌀 2큰술
· 생수 9큰술

+재료 준비

미역 : 찬물에 불려서 물기를
꼭 짠 뒤 곱게 다진다.

1　불린 쌀에 생수를 넣고 센불에서 끓이기 시작한다.
　　팔팔 끓어오르기 시작하면 중약불로 줄인 뒤 계속
　　저어가며 쌀알을 충분히 익힌다.

2　물이 거의 자작자작하게 줄어들면 약약불로 줄인 뒤
　　계속 저어주다가 쌀알이 입 안에서 부드럽게 으깨질
　　정도가 되면 소고기와 미역을 넣고 잘 저어준다.

3　연두부와 들깨가루를 넣어 한 번 더 끓인 뒤, 예쁜
　　볼에 담아 먹는다.

소고기
애호박
밤진밥

- 다진 소고기 20그램
- 애호박 다진 것 20그램
- 밤 쪄서 으깬 것 30그램
- 불린 쌀 2큰술
- 생수 9큰술

+재료 준비

애호박 : 잘게 다진다.

밤 : 껍질을 제거한 뒤 찜기
에 푹 쪄서 으깬다.

1 불린 쌀에 생수를 넣고 애호박과 함께 센불에서 끓이기 시작한다. 팔팔 끓어오르기 시작하면 중약불로 줄인 뒤 계속 저어가며 쌀알을 충분히 익힌다.

2 물이 거의 자작자작하게 줄어들면 약약불로 줄인 뒤 계속 저어주다가 쌀알이 입 안에서 부드럽게 으깨질 정도가 되면 나머지 재료를 넣는다.

3 재료가 익을 때까지 잘 저어준 후 예쁜 볼에 담아 먹인다.

양파 진밥
버섯
콩나물
애호박
소고기

- 다진 소고기 20그램
- 애호박 다진 것 10그램
- 콩나물 머리 떼고
  작게 다진 것 20그램
- 버섯 다진 것 20그램
- 양파 간 것 3그램
- 불린 쌀 2큰술
- 생수 9큰술
- 참기름 1방울

+ 재료 준비

콩나물 : 머리를 떼고 잘게 다진다.

양파 : 강판에 간다.

버섯 : 작게 다진다.

1 불린 쌀과 애호박, 콩나물에 생수를 넣고 센불에서 끓이기 시작한다. 팔팔 끓어오르기 시작하면 중약불로 줄인 뒤 계속 저어가며 쌀알을 충분히 익힌다.

2 물이 거의 자작자작하게 줄어들면 약약불로 줄인 뒤 쌀알이 입 안에서 부드럽게 으깨질 정도가 되면 참기름을 제외한 나머지 재료를 넣는다.

3 재료가 익으면 참기름 한 방울을 넣어 마무리하고, 예쁜 볼에 담아 먹인다.

소고기 비트 브로콜리 양배추 진밥

+ 재료

· 다진 소고기 20그램
· **비트 쪄서 다진 것** 5그램
· **브로콜리 데쳐서 다진 것**
    10그램
· **양배추 데쳐서 다진 것**
    25그램
· **불린 쌀** 2큰술
· **생수** 9큰술

+ 재료 준비

비트 : 껍질을 벗긴 뒤 미니 찜기에 올려 충분히 쪄준다. 이유식에 사용하고 남은 비트는 5그램씩 소분한 뒤 냉동 보관한다.

브로콜리 : 팔팔 끓는 물에 데친 뒤 곱게 다진다.

양배추 : 두꺼운 심지를 제거하고 팔팔 끓는 물에 데쳐낸 뒤 곱게 다진다.

1 불린 쌀에 생수를 넣고 센불에서 끓이기 시작한다. 팔팔 끓어오르기 시작하면 중약불로 줄인 뒤 계속 저어가며 쌀알을 충분히 익힌다.

2 물이 거의 자작자작하게 줄어들면 약약불로 줄인 뒤 계속 저어주다가 쌀알이 입 안에서 부드럽게 으깨질 정도가 되면 모든 재료를 넣는다.

3 재료가 익을 때까지 잘 저어준 후 예쁜 볼에 담아 먹인다.

소고기비애당양
고트호애근배추
기 박 진밥

+재료

· 다진 소고기 20그램
· 비트 쪄서 다진 것 5그램
· 애호박 다진 것 20그램
· 당근 다진 것 20그램
· 양배추 데쳐서 다진 것
  25그램
· 불린 쌀 2큰술
· 생수 9큰술

+재료 준비

비트 : 껍질을 벗긴 뒤 적당
한 크기로 자르고 미니찜기
에 푹 찐 뒤 곱게 다진다.

애호박 & 당근 : 곱게 다진다.

양배추 : 두꺼운 심지를 제
거하고 팔팔 끓는 물에 데
쳐낸 뒤 곱게 다진다.

불린 쌀 : 적당히 빻는다.

1 불린 쌀에 생수를 넣고 당근과
   함께 센불에서 끓이기 시작한다.
   팔팔 끓어오르기 시작하면 중약
   불로 줄인 뒤 계속 저어가며 쌀
   알을 충분히 익힌다.

2 물이 거의 자작자작하게 줄어들
   면 약약불로 줄인 뒤 계속 저어
   주다가 쌀알이 입 안에서 부드럽
   게 으깨질 정도가 되면 나머지
   재료를 넣는다.

3 재료가 익을 때까지 잘 저어준
   후 예쁜 볼에 담아 먹인다.

양파 잔멸치 감자 소고기 진밥

+ 재료

· 다진 소고기 20그램
· 감자 쪄서 으깬 것 30그램
· 잔멸치 곱게 다진 것
  10그램
· 양파 간 것 3그램
· 불린 쌀 2큰술
· 생수 9큰술

+ 재료 준비

감자 : 쪄서 으깬다.

잔멸치 : 물에 담가 짠기를 뺀
뒤 물기를 꼭 짠 후 곱게 다진
다.

양파 : 강판에 간다.

1 불린 쌀에 생수와 멸치를 넣고 센불에서 끓이기 시
   작한다. 팔팔 끓어오르기 시작하면 중약불로 줄인
   뒤 계속 저어가며 쌀알을 충분히 익힌다.

2 물이 거의 자작자작하게 줄어들면 약약불로 줄인 뒤
   계속 저어주다가 쌀알이 입 안에서 부드럽게 으깨질
   정도가 되면 나머지 재료를 넣는다.

3 재료가 익을 때까지 잘 저어준 후 예쁜 볼에 담아 먹
   인다.

소고기
밤
새송이버섯
대추진밥

+ 재료

· 다진 소고기 20그램
· 밤 쪄서 으깬 것 40그램
· 새송이버섯 다진 것
  20그램
· 대추 데쳐서 곱게 내린 것
  5그램
· 불린 쌀 2큰술
· 생수 9큰술

+ 재료 준비

밤 : 쪄서 으깬다.

새송이버섯 : 곱게 다진다.

대추 : 팔팔 끓는 물에 데친
뒤 씨를 빼고 채반에 곱게
내린다.

1 불린 쌀에 생수를 넣고 센불에서 끓이기 시작한다.
   팔팔 끓어오르기 시작하면 중약불로 줄인 뒤 계속
   저어가며 쌀알을 충분히 익힌다.

2 물이 거의 자작자작하게 줄어들면 약약불로 줄인 뒤
   계속 저어주다가 쌀알이 입 안에서 부드럽게 으깨질
   정도가 되면 모든 재료를 넣는다.

3 재료가 익을 때까지 잘 저어준 후 예쁜 볼에 담아 먹
   인다.

소고기
부추
팽이버섯
양파
진밥

· **다진 소고기** 20그램
· **부추 다진 것** 5그램
· **팽이버섯 다진 것**
  20그램
· **양파 간 것** 5그램
· **불린 쌀** 2큰술
· **생수** 9큰술

+ 재 료 준 비

부추 & 버섯 : 곱게 다진다.

양파 : 강판에 간다.

1 불린 쌀에 생수를 넣고 센불에서 끓이기 시작한다.
   팔팔 끓어오르기 시작하면 중약불로 줄인 뒤 계속
   저어가며 쌀알을 충분히 익힌다.

2 물이 거의 자작자작하게 줄어들면 약약불로 줄인 뒤
   계속 저어주다가 쌀알이 입 안에서 부드럽게 으깨질
   정도가 되면 부추를 제외한 모든 재료를 넣는다.

3 재료가 익으면 부추를 넣고 한 번 더 저어준 후 예쁜
   볼에 담아 먹는다.

소고기
브로콜리
새송이버섯
단호박진밥

· 다진 소고기 20그램
· 브로콜리 데쳐서 다진 것
  15그램
· 새송이버섯 다진 것
  20그램
· 단호박 쪄서 으깬 것
  30그램
· 불린 쌀 2큰술
· 생수 9큰술

+ 재료 준비

브로콜리 : 팔팔 끓는 물에 송이 부분을 데쳐서 곱게 다진다.

새송이버섯 : 곱게 다진다.

단호박 : 쪄서 씨 부분을 제거한 뒤 으깨어준다.

1 불린 쌀에 생수를 넣고 센불에서 끓이기 시작한다. 팔팔 끓어오르기 시작하면 중약불로 줄인 뒤 계속 저어가며 쌀알을 충분히 익힌다.

2 물이 거의 자작자작하게 줄어들면 약약불로 줄인 뒤 계속 저어주다가 쌀알이 입 안에서 부드럽게 으깨질 정도가 되면 모든 재료를 넣는다.

3 재료가 익을 때까지 잘 저어준 후 예쁜 볼에 담아 먹인다.

소고기
양배추
밤
브로콜리 진밥

- **다진 소고기** 20그램
- **양배추 데쳐서 다진 것**
  25그램
- **밤 쪄서 으깬 것** 20그램
- **브로콜리 데쳐서 다진 것**
  10그램
- **불린 쌀** 2큰술
- **생수** 9큰술

+ 재료 준비

양배추 : 두꺼운 심지를 제거한 양배추는 팔팔 끓는 물에 데친 뒤 곱게 다진다.

밤 : 껍질 벗겨 찜기에 푹 찐 뒤 으깨어준다.

브로콜리 : 팔팔 끓는 물에 송이 부분을 데친 뒤 곱게 다진다.

1. 불린 쌀에 생수를 넣고 센불에서 끓이기 시작한다. 팔팔 끓어오르기 시작하면 중약불로 줄인 뒤 계속 저어가며 쌀알을 충분히 익힌다.

2. 물이 거의 자작자작하게 줄어들면 약약불로 줄인 뒤 계속 저어주다가 쌀알이 입 안에서 부드럽게 으깨질 정도가 되면 모든 재료를 넣는다.

3. 재료가 익을 때까지 잘 저어준 후 예쁜 볼에 담아 먹인다.

소고기
파프리카
가지
양파
진밥

- **다진 소고기** 20그램
- **파프리카 다진 것**
  20그램
- **가지 다진 것** 10그램
- **양파 간 것** 3그램
- **불린 쌀** 2큰술
- **생수** 9큰술

+재료 준비

파프리카 & 가지 : 곱게 다
진다.

1 불린 쌀에 가지와 파프리카, 생수를 넣고 센불에서
  끓이기 시작한다. 팔팔 끓어오르기 시작하면 중약불
  로 줄인 뒤 계속 저어가며 쌀알을 충분히 익힌다.

2 물이 거의 자작자작하게 줄어들면 약약불로 줄인 뒤
  계속 저어주다가 쌀알이 입 안에서 부드럽게 으깨질
  정도가 되면 나머지 재료를 넣는다.

3 재료가 익을 때까지 잘 저어준 후 예쁜 볼에 담아 먹
  인다.

소고기
가지
양배추
브로콜리
대추진밥

+ 재료

- 다진 소고기 20그램
- 가지 다진 것 10그램
- 양배추 데쳐서 다진 것
  25그램
- 브로콜리 삶아서 다진 것
  10그램
- 대추 데쳐서
  곱게 내린 것 10그램
- 불린 쌀 2큰술
- 생수 9큰술

+ 재료 준비

가지 : 채 썰어 곱게 다진다.

양배추 : 팔팔 끓는 물에 심지를 제거한 양배추를 넣어 데친 후 곱게 다진다.

브로콜리 : 송이 부분을 팔팔 끓는 물에 데쳐서 다진다.

대추 : 팔팔 끓는 물에 데친 뒤 씨를 빼고 채반에 곱게 내린다.

1 불린 쌀에 생수를 넣고 센불에서 끓이기 시작한다. 팔팔 끓어오르기 시작하면 중약불로 줄인 뒤 계속 저어가며 쌀알을 충분히 익힌다.

2 물이 거의 자작자작하게 줄어들면 약약불로 줄인 뒤 계속 저어주다가 쌀알이 입 안에서 부드럽게 으깨질 정도가 되면 모든 재료를 넣는다.

2 재료가 익을 때까지 잘 저어준 후 예쁜 볼에 담아 먹인다.

소고기 연두부 팽이버섯 당근 양파 진밥

+ 재 료

· **다진 소고기** 20그램
· **연두부** 1큰술
· **팽이버섯 다진 것**
  10그램
· **당근 곱게 다진 것**
  20그램
· **양파 간 것** 3그램
· **불린 쌀** 2큰술
· **생수** 9큰술

+ 재 료 준 비

양파 : 강판에 간다.

1. 불린 쌀에 당근과 생수를 넣고 센불에서 끓이기 시작한다. 팔팔 끓어오르기 시작하면 중약불로 줄인 뒤 계속 저어가며 쌀알을 충분히 익힌다.

2. 물이 거의 자작자작하게 줄어들면 약약불로 줄인 뒤 계속 저어주다가 쌀알이 입 안에서 부드럽게 으깨질 정도가 되면 나머지 재료를 넣는다.

3. 재료가 익을 때까지 잘 저어준 후 예쁜 볼에 담아 먹인다.

닭안심 달걀 표고버섯 양파 진밥

· **닭안심 분유물에 데쳐서 다진 것** 30그램
· **달걀노른자** 1개 분량
· **표고버섯 다진 것** 1큰술
· **양파 간 것** 3그램
· **불린 쌀** 2큰술
· **생수** 9큰술

+재료 준비

닭안심 : 물 2컵에 분유 5그램을 넣고 닭안심을 10분가량 삶아준 뒤 바로 꺼내지 않고 10분가량 더 뒀다가 꺼내 곱게 다진다.

표고버섯 : 곱게 다진다(마른표고일 경우 미지근한 물에 불린 뒤 곱게 다진다).

양파 : 강판에 간다.

1 불린 쌀에 생수를 넣고 센불에서 끓이기 시작한다. 팔팔 끓어오르기 시작하면 중약불로 줄인 뒤 계속 저어가며 쌀알을 충분히 익힌다.

2 물이 거의 자작자작하게 줄어들면 약약불로 줄인 뒤 계속 저어주다가 쌀알이 입 안에서 부드럽게 으깨질 정도가 되면 달걀노른자를 제외한 모든 재료를 넣는다.

3 재료가 익을 때까지 잘 저어준 후 마지막에 달걀노른자를 넣어 한소끔 끓인 다음, 예쁜 볼에 담아 먹인다.

닭안심 당근 양파 들깨 진밥

- 닭안심 분유물에 데쳐서
  다진 것 30그램
- 당근 다진 것 20그램
- 양파 간 것 3그램
- 들깨가루 1큰술
- 불린 쌀 2큰술
- 생수 9큰술

+ 재료 준비

닭안심 : 물 2컵에 분유 5그램을 넣고 닭안심을 10분가량 삶아준 뒤 바로 꺼내지 않고 10분가량 더 뒀다가 꺼내 곱게 다진다.

당근 : 곱게 다진다.

양파 : 강판에 간다.

1 불린 쌀에 당근과 생수를 넣고 센불에서 끓이기 시작한다. 팔팔 끓어오르기 시작하면 중약불로 줄인 뒤 계속 저어가며 쌀알을 충분히 익힌다.

2 물이 거의 자작자작하게 줄어들면 약약불로 줄인 뒤 계속 저어주다가 쌀알이 입 안에서 부드럽게 으깨질 정도가 되면 나머지 재료를 넣는다.

3 재료가 익을 때까지 잘 저어준 후 예쁜 볼에 담아 먹인다.

닭안심
밤
아욱
대추
진밥

· 닭안심 분유물에 데쳐서
  다진 것 20그램
· 밤 쪄서 으깬 것 35그램
· 아욱 데쳐서 다진 것
  10그램
· 대추 데쳐서
  곱게 내린 것 10그램
· 불린 쌀 2큰술
· 생수 9큰술

+ 재 료 준 비

닭안심 : 물 2컵에 분유 5그
램을 넣고 닭안심을 10분가
량 삶아준 뒤 바로 꺼내지
않고 10분가량 더 뒀다가
꺼내 곱게 다진다.

밤 : 껍질을 제거한 뒤 찜기
에 푹 쪄서 으깬다.

아욱 : 팔팔 끓는 물에 잎사
귀 부분을 살짝 데친 뒤 곱
게 다진다.

대추 : 씨 부분을 제거하고
팔팔 끓는 물에 데쳐낸 뒤
채반에 곱게 내린다.

1 불린 쌀에 생수를 넣고 센불에서 끓이기 시작한다.
   팔팔 끓어오르기 시작하면 중약불로 줄인 뒤 계속
   저어가며 쌀알을 충분히 익힌다.

2 물이 거의 자작자작하게 줄어들면 약약불로 줄인 뒤
   계속 저어주다가 쌀알이 입 안에서 부드럽게 으깨질
   정도가 되면 모든 재료를 넣는다.

3 재료가 익을 때까지 잘 저어준 후 예쁜 볼에 담아 먹
   인다.

가지진밥
애호박
잔멸치
밤
닭안심

- 닭안심 분유물에 데쳐서
  다진 것 25그램
- 잔멸치 곱게 다진 것
  1큰술
- 애호박 다진 것 10그램
- 가지 다진 것 10그램
- 밤 쪄서 으깬 것 20그램
- 불린 쌀 2큰술
- 생수 9큰술

+ 재 료 준 비

닭안심 : 물 2컵에 분유 5그
램을 넣고 닭안심을 10분가
량 삶아준 뒤 바로 꺼내지
않고 10분가량 더 뒀다가
꺼내 곱게 다진다.

잔멸치 : 생수에 30분가량
담가 짠기를 없앤 뒤 물기
를 제거하고 곱게 다진다.

애호박 & 가지 : 곱게 다진다.

밤 : 껍질을 제거한 뒤 찜기
에 푹 쪄서 으깬다.

1 불린 쌀에 생수와 잔멸치를 넣고 센불에서 끓이기
시작한다. 팔팔 끓어오르기 시작하면 중약불로 줄인
뒤 계속 저어가며 쌀알을 충분히 익힌다.

2 물이 거의 자작자작하게 줄어들면 약약불로 줄인 뒤
계속 저어주다가 쌀알이 입 안에서 부드럽게 으깨질
정도가 되면 나머지 재료를 넣는다.

3 재료가 익을 때까지 잘 저어준 후 예쁜 볼에 담아 먹
인다.

tip 수분이 부족하면 한 큰술씩 추가해서 만드세요.

닭안심브로콜리비추대진밥

· **닭안심 분유물에 데쳐서 다진 것** 30그램
· **브로콜리 데쳐서 다진 것** 20그램
· **비트 쪄서 다진 것** 5그램
· **대추 데쳐서 곱게 내린 것** 10그램
· **불린 쌀** 2큰술
· **생수** 9큰술

+재료 준비

닭안심 : 물 2컵에 분유 5그램을 넣고 닭안심을 10분가량 삶아준 뒤 바로 꺼내지 않고 10분가량 더 뒀다가 꺼내 곱게 다진다.

브로콜리 : 팔팔 끓는 물에 송이 부분을 데쳐서 곱게 다진다.

비트 : 껍질을 벗긴 뒤 찜기에 푹 쪄서 다져준다.

대추 : 씨 부분을 제거하고 팔팔 끓는 물에 데쳐낸 뒤 채반에 곱게 내린다.

1 불린 쌀에 생수를 넣고 센불에서 끓이기 시작한다. 팔팔 끓어오르기 시작하면 중약불로 줄인 뒤 계속 저어가며 쌀알을 충분히 익힌다.

2 물이 거의 자작자작하게 줄어들면 약약불로 줄인 뒤 계속 저어주다가 쌀알이 입 안에서 부드럽게 으깨질 정도가 되면 모든 재료를 넣는다.

3 재료가 익을 때까지 잘 저어준 후 예쁜 볼에 담아 먹인다.

tip 이유식을 한꺼번에 만들려고 할 때, 다른 재료는 배합대로 늘리면 되지만, 비트의 양은 5그램 이상으로 늘리지 마세요. 비트를 5그램 이상 넣으면 이유식에서 쓴맛이 날 수 있어요.

닭안심브로콜리단호박양파치즈진밥

+ 재료

- **닭안심 분유물에 데쳐서 다진 것** 30그램
- **단호박 쪄서 으깬 것** 20그램
- **브로콜리 곱게 다진 것** 10그램
- **양파 간 것** 3그램
- **아기 치즈** 1장
- **불린 쌀** 2큰술
- **생수** 9큰술

+ 재료 준비

단호박 : 쪄서 으깬다.

닭안심 : 물 2컵에 분유 5그램을 넣고 닭안심을 10분가량 삶아준 뒤 바로 꺼내지 않고 10분가량 더 뒀다가 꺼내 곱게 다진다.

브로콜리 : 팔팔 끓는 물에 살짝 데쳤다가 찬물에 씻은 후 곱게 다진다.

양파 : 강판에 간다.

1 불린 쌀에 생수를 넣고 센불에서 끓이기 시작한다. 팔팔 끓어오르기 시작하면 중약불로 줄인 뒤 계속 저어가며 쌀알을 충분히 익힌다.

2 물이 거의 자작자작하게 줄어들면 약약불로 줄인 뒤 계속 저어주다가 쌀알이 입 안에서 부드럽게 으깨질 정도가 되면 치즈를 제외한 모든 재료를 넣는다.

3 재료가 익을 때까지 잘 저어주다가 치즈를 넣어 한소끔 끓인 후, 예쁜 볼에 담아 먹인다.

닭안심 양파 당근 고구마 대추진밥

+ 재료

- 닭안심 분유물에 데쳐서 다진 것 30그램
- 양파 간 것 3그램
- 당근 곱게 다진 것 20그램
- 고구마 쪄서 으깬 것 30그램
- 대추 데쳐서 곱게 내린 것 10그램
- 불린 쌀 2큰술
- 생수 9큰술

+ 재료 준비

닭안심 : 물 2컵에 분유 5그램을 넣고 닭안심을 10분가량 삶아준 뒤 바로 꺼내지 않고 10분가량 더 뒀다가 꺼내 곱게 다진다.

양파 : 강판에 간다.

당근 : 곱게 다진다.

고구마 : 껍질을 벗기고 찜기에 푹 찐 뒤 으깬다.

대추 : 씨 부분을 제거하고 팔팔 끓는 물에 데쳐낸 뒤 채반에 곱게 내린다.

1 불린 쌀에 생수와 당근을 넣고 센불에서 끓이기 시작한다. 팔팔 끓어오르기 시작하면 중약불로 줄인 뒤 계속 저어가며 쌀알을 충분히 익힌다.

2 물이 거의 자작자작하게 줄어들면 약약불로 줄인 뒤 계속 저어주다가 쌀알이 입 안에서 부드럽게 으깨질 정도가 되면 나머지 재료를 넣는다.

3 재료가 익을 때까지 잘 저어준 후 예쁜 볼에 담아 먹인다.

tip 만약 수분이 부족하면 한 큰술, 두 큰술씩 물을 더 넣어 조절하세요.

감자 양파 달걀노른자 진밥

+ 재료

· 감자 쪄서 으깬 것
  60그램
· 양파 간 것 3그램
· 달걀노른자 1개분
· 불린 쌀 2큰술
· 생수 9큰술

+ 재료 준비

감자 : 푹 쪄서 껍질을 벗기
고 으깨어준다.

양파 : 강판에 간다.

1 불린 쌀에 생수를 넣고 센불에서 끓이기 시작한다.
   팔팔 끓어오르기 시작하면 중약불로 줄인 뒤 계속
   저어가며 쌀알을 충분히 익힌다.

2 물이 자작자작하게 줄어들면 약약불로 줄인 뒤 저
   어주다가 쌀알이 입 안에서 부드럽게 으깨질 정도가
   되면 달걀노른자를 제외한 모든 재료를 넣는다.

3 재료가 익을 때까지 잘 저어준 후 달걀노른자를 넣
   어 한소끔 끓인 뒤 예쁜 볼에 담아 먹는다.

대구살 당근 미역 진밥

+ 재료

· 이유식용 대구살 20그램
· 당근 다진 것 20그램
· 양파 간 것 3그램
· 미역 불려서 다진 것
   10그램
· 불린 쌀 2큰술
· 생수 9큰술

+ 재료 준비

대구살 : 적당한 크기로 다진다.

당근 : 곱게 다진다.

미역 : 물에 불렸다가 꼭 짠 후 곱게 다진다.

1. 불린 쌀에 당근과 생수를 넣고 센불에서 끓이기 시작한다. 팔팔 끓어오르기 시작하면 중약불로 줄인 뒤 계속 저어가며 쌀알을 충분히 익힌다.

2. 물이 거의 자작자작하게 줄어들면 약약불로 줄인 뒤 계속 저어주다가 쌀알이 입 안에서 부드럽게 으깨질 정도가 되면 나머지 재료를 넣는다.

3. 재료가 익을 때까지 잘 저어준 후 예쁜 볼에 담아 먹인다.

대구살
미역
팽이버섯
깨진밥

+재료

· 이유식용 대구살 20그램
· 미역 불려서 다진 것
  10그램
· 팽이버섯 다진 것 10그램
· 깨 간 것 1/2큰술
· 불린 쌀 2큰술
· 생수 9큰술

+재료 준비

대구살 : 적당한 크기로 다진다.

미역 : 물에 불렸다가 물기를
꼭 짠 뒤 다진다.

팽이버섯 : 작게 다진다.

1 불린 쌀에 생수를 넣고 센불에서 끓이기 시작한다.
   팔팔 끓어오르기 시작하면 중약불로 줄인 뒤 계속
   저어가며 쌀알을 충분히 익힌다.

2 물이 거의 자작자작하게 줄어들면 약약불로 줄인 뒤
   계속 저어주다가 쌀알이 입 안에서 부드럽게 으깨질
   정도가 되면 모든 재료를 넣는다.

3 재료가 익을 때까지 잘 저어준 후 예쁜 볼에 담아 먹
   인다.

새
우
살

김
가
루

진
밥

+재료

- **새우살 다진 것** 40그램
- **양파 간 것** 3그램
- **당근 다진 것** 20그램
- **팽이버섯 다진 것** 1큰술
- **김가루** 한 꼬집
- **달걀노른자** 1개분
- **불린 쌀** 2큰술
- **생수** 9큰술

+재료 준비

새우살 : 곱게 다진다

양파 : 강판에 간다

당근 : 곱게 다진다.

팽이버섯 : 작게 다진다.

1 불린 쌀에 당근과 생수를 넣고 센불에서 끓이기 시작한다. 팔팔 끓어오르기 시작하면 중약불로 줄인 뒤 계속 저어가며 쌀알을 충분히 익힌다.

2 물이 거의 자작자작하게 줄어들면 약약불로 줄인 뒤 계속 저어주다가 쌀알이 입 안에서 부드럽게 으깨질 정도가 되면 김가루를 제외한 나머지 재료를 넣어준다.

3 재료가 익을 때까지 잘 젓다가 김가루를 넣어 한소끔 끓인 후, 예쁜 볼에 담아 먹인다.

새우살
달걀노른자
부추 진밥

· **새우살 다진 것** 40그램
· **부추 다진 것** 5그램
· **달걀노른자** 1개분
· **불린 쌀** 2큰술
· **생수** 9큰술

+재 료 준비

새우 : 생새우를 이용할 경
우, 껍질을 벗기고 등쪽 내장
을 제거한 뒤 작게 다진다.

부추 : 곱게 다진다.

1 불린 쌀에 생수를 넣고 센불에서 끓이기 시작한다.
팔팔 끓어오르기 시작하면 중약불로 줄인 뒤 계속
저어가며 쌀알을 충분히 익힌다.

2 물이 거의 자작자작하게 줄어들면 약약불로 줄인
뒤 계속 저어주다가 쌀알이 입 안에서 부드럽게 으
깨질 정도가 되면 달걀노른자를 제외한 모든 재료를
넣는다.

3 재료가 익을 때까지 잘 젓다가 달걀노른자를 넣어
한소끔 끓인 후, 예쁜 볼에 담아 먹는다.

새우
브로콜리
고구마 진밥

- **새우살 다진 것** 2큰술
- **브로콜리 데쳐서 다진 것**
  20그램
- **고구마 쪄서 으깬 것**
  20그램
- **불린 쌀** 2큰술
- **생수** 9큰술

+재료 준비

새우 : 생새우를 사용할 경우, 껍질을 벗기고 내장을 제거한 뒤 곱게 다진다.

브로콜리 : 팔팔 끓는 물에 송이 부분을 넣어 데친 뒤 곱게 다진다.

고구마 : 껍질을 벗기고 찜기에 푹 찐 뒤 으깬다.

1 불린 쌀에 생수를 넣고 센불에서 끓이기 시작한다. 팔팔 끓어오르기 시작하면 중약불로 줄인 뒤 계속 저어가며 쌀알을 충분히 익힌다.

2 물이 거의 자작자작하게 줄어들면 약약불로 줄인 뒤 계속 저어주다가 쌀알이 입 안에서 부드럽게 으깨질 정도가 되면 모든 재료를 넣는다.

3 재료가 익을 때까지 잘 저어준 후 예쁜 볼에 담아 먹인다.

새우양파프리카브로콜리진밥

- **새우살 다진 것** 2큰술
- **양파 간 것** 3그램
- **파프리카 곱게 다진 것**
  20그램
- **브로콜리 데쳐서 다진 것**
  20그램
- **불린 쌀** 2큰술
- **생수** 9큰술

+ 재 료 준 비

새우 : 생새우를 사용할 경우, 껍질을 벗기고 내장을 제거한 뒤 곱게 다진다.

양파 & 파프리카 : 곱게 다진다.

브로콜리 : 팔팔 끓는 물에 송이 부분을 넣어 데친 뒤 곱게 다진다.

1. 불린 쌀에 생수를 넣고 센불에서 끓이기 시작한다. 팔팔 끓어오르기 시작하면 중약불로 줄인 뒤 계속 저어가며 쌀알을 충분히 익힌다.

2. 물이 거의 자작자작하게 줄어들면 약약불로 줄인 뒤 계속 저어주다가 쌀알이 입 안에서 부드럽게 으깨질 정도가 되면 모든 재료를 넣는다.

3. 재료가 익을 때까지 잘 저어준 후 예쁜 볼에 담아 먹는다.

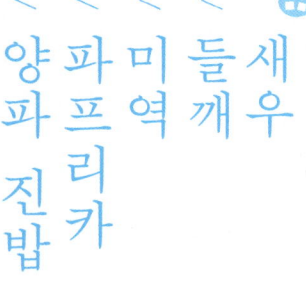

새우들깨미역 양파
우깨역 파
리 진
카 밥

+ 재료

- 새우살 다진 것 40그램
- 미역 불려서 다진 것
  10그램
- 들깨가루 1큰술
- 파프리카 곱게 다진 것
  20그램
- 양파 간 것 3그램
- 불린 쌀 2큰술
- 생수 9큰술

+ 재료 준비

새우살 : 잘 씻어 물기를 뺀
뒤 곱게 다진다.

미역 : 불려서 곱게 다진다.

파프리카 : 곱게 다진다.

양파 : 강판에 간다.

1 불린 쌀에 생수를 넣고 센불에서 끓이기 시작한다.
팔팔 끓어오르기 시작하면 중약불로 줄인 뒤 계속
저어가며 쌀알을 충분히 익힌다.

2 물이 거의 자작자작하게 줄어들면 약약불로 줄인 뒤
계속 저어주다가 쌀알이 입 안에서 부드럽게 으깨질
정도가 되면 들깨가루를 제외한 모든 재료를 넣는다.

3 재료가 익을 때까지 잘 젓다가 들깨가루를 넣고 한
소끔 끓인 후, 예쁜 볼에 담아 먹인다.

황태보푸리
연두부
미역진밥

+ 재 료

· **황태 간 것** 5그램
· **연두부** 1큰술
· **미역 불려서 다진 것**
  10그램
· **불린 쌀** 2큰술
· **생수** 9큰술
· **참기름** 1방울

+ 재 료 준 비

황태 : 강판에 간다. 황태채
를 사용할 경우 작게 잘라
푸드프로세서에 간다.

미역 : 물에 불린 뒤 물기를
꼭 짜고 다진다.

1 불린 쌀에 생수를 넣고 센불에서 끓이기 시작한다.
팔팔 끓어오르기 시작하면 중약불로 줄인 뒤 계속
저어가며 쌀알을 충분히 익힌다.

2 물이 거의 자작자작하게 줄어들면 약약불로 줄인 뒤
계속 저어주다가 쌀알이 입 안에서 부드럽게 으깨질
정도가 되면 연두부를 제외한 모든 재료를 넣는다.

3 재료가 익을 때까지 잘 젓다가 연두부를 넣어 한소
끔 끓인 후, 예쁜 볼에 담아 먹인다.

매
생
이
해
물
당
근
양
파
진
밥

+ 재 료

· **건매생이** 1그램
  (또는 일반 매생이 1큰술)
· **해물**(새우나 조갯살 등)
  다진 것 2큰술
· **양파 간 것** 3그램
· **당근 다진 것** 20그램
· **참기름** 1방울
· **불린 쌀** 2큰술
· **생수** 9큰술

+ 재 료 준 비

매생이 : 건매생이의 경우 그냥 사용하면 되고, 일반 매생이의 경우 고운 채반 위에 올려 흐르는 차가운 물에 씻은 뒤 가위로 잘라 준다.

해물 : 흐르는 물에 씻은 후 물기를 빼고 곱게 다진다.

양파 : 강판에 간다.

당근 : 곱게 다진다.

1 불린 쌀에 당근과 생수를 넣고 센불에서 끓이기 시작한다. 팔팔 끓어오르기 시작하면 중약불로 줄인 뒤 계속 저어가며 쌀알을 충분히 익힌다.

2 물이 거의 자작자작하게 줄어들면 약약불로 줄인 뒤 계속 저어주다가 쌀알이 입 안에서 부드럽게 으깨질 정도가 되면 나머지 재료를 넣는다.

3 재료가 익을 때까지 잘 저어준 후 예쁜 볼에 담아 먹인다.

tip 건매생이는 두레생협에서 구입.

229

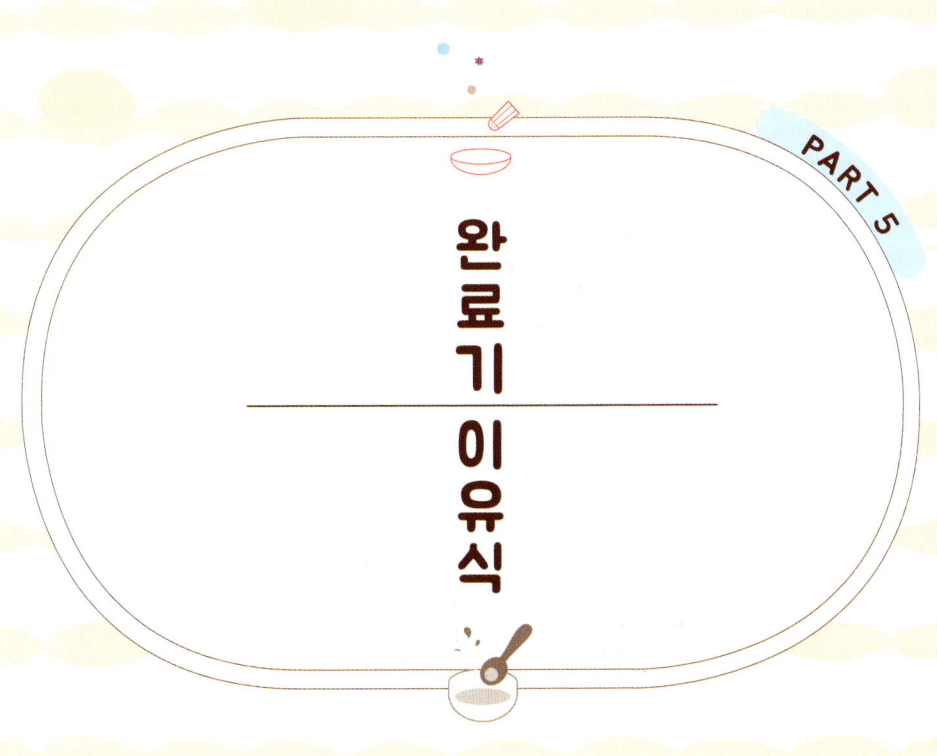

PART 5

완료기 이유식

완료기 이유식 ‥
돌 이후 단계

이유식 양 : 평균 120그램~200그램
이유식 횟수 : 3회 + 간식 2회
수유 횟수 : 2~3회(500ml 전후)

후기 이유식의 진밥 형태까지 잘 적응한 아가들은 아마도 엄마 아빠가 먹는 밥을 먹을 준비가 어느 정도 되어있을 거예요. 아기의 이빨 나는 상황을 잘 살펴보면서 조정해주시면 되는데, 무엇보다 이 시기의 이유식을 할 때, 가장 고민되는 것 중 하나가 간 맞추기가 아닐까 해요. 아기가 먹는 음식에 간을 해도 되나, 간을 한다면 어느 정도가 적당할까 등 고민이 많아지죠.

아기 음식의 간 맞추기,
어떻게 해야 할까

아이 음식에 간을 언제쯤 시작하면 좋을까…. 저도 많이 생각하고 많이 검색해보고 책도 찾아보며 고민했던 부분이랍니다.

아이를 키우다 보면 잘 먹다가도 한 번씩 안 먹는 시기가 오는데, 그때마다 안 먹는 이유가 무엇인지 생각을 많이 하게 되는 것 같아요. 왠지 소금이나 그 외의 짠맛을 첨가하기 시작하면 하늘이 무너질 것 같은, 최대한 짠맛을 더디게 하고 싶은 게 엄마의 마음이니까요.

한비에게 처음으로 아주 소량의 짠맛을 첨가하여 음식을 해주던 날이 생각나네요. 많이 고민했고 떨리는 마음이 가득했지만, 아이에게 또 다른 음식의 세계를 경험하게 해준다 생각하니 그 또한 즐거운 기억이에요. 엄마 아빠와 함께 공유할 수 있는 음식 앞으로 한 발짝 더 다가온 셈이니까요.

한비의 처음 간은, 초피액젓(판매처 : http://www.wachonfood.co.kr/)으로 시작했어요. 7살이 된 지금까지도 여전히 저희 가족의 모든 음식은 초피액젓으로 간하여 먹고 있어요. 아주 소량으로 건강하고 깔끔하고 깊은 맛을 느낄 수 있어 저는 너무 사랑하는 식재료 중 하나랍니다.

이 책에 소개한 완료기 이유식 레시피는 돌 이후부터 유아식으로 넘어가기 전까지의 레시피를 고루 담았기 때문에, 소량의 소금이나 초피액젓, 간장 등을 사용한 레시피들이 함께 소개되어 있어요. 아기의 발달 시기나 엄마의 생각에 따라, 짠맛 재료는 빼고 만들어도 되니 편하게 활용하세요.

완료기 이유식에 활용하기 좋은
기본 아이템

완료기 이유식부터는 베이비 간장과 멀티 육수를 자주 활용했답니다. 제 다른 책에도 몇 번 소개되어 이미 많은 분들이 알고 계시겠지만, 그래도 처음 보시는 분들을 위해 만드는 법을 소개해드릴게요. 멀티 육수 만드는 법은 34쪽을 참조하세요.

• 베이비 간장

간장 1컵(두레생협 양조간장), 아가베시럽 5큰술, 청주 6큰술, 청주 6큰술, 설탕 3큰술, 대파(흰 부분) 1대, 마른 표고버섯 2개, 다시마 5 cm 1장, 북어 대가리 2개, 사과 1개(4등분), 양파 1개(4등분)

재료를 냄비에 모두 넣고 끓이다가 팔팔 끓으면 약한 불로 줄여서 졸인 다음, 육수를 체에 잘 걸러 사용하시면 돼요. 밀폐용기에 담아 냉장 보관을 해두면, 언제든지 맛있는 이유식을 만들 수 있답니다.

<h2 style="text-align:center">완료기 이유식을 할 때
자주 먹는 간식</h2>

•**홈메이드 요거트** : 유기농 우유 900ml를 전자레인지 용기에 붓고 뚜껑을 연 뒤 전자레인지에 3분간 돌려주세요. 3분 뒤 요구르트를 부어주고 나무 수저로 잘 저은 다음, 뚜껑을 닫고 8시간 동안 실온 보관합니다.

•**생과일 착즙한 생과일주스** : 생과일을 휴롬이나 필그린에 착즙하면, 아기 간식용 주스로 활용하기 좋아요.

•**생과일 작게 자른 것** : 껍질 벗겨낸 과일을 아기가 손으로 집어 오

물오물 먹기 좋은 크기로 잘라주세요.

• **유기농 식빵을 마른 팬에 구워 자른 것** : 유기농 식빵을 마른 팬에
구워 한입 크기로 잘라 접시에 담아주세요.

• **프렌치토스트** : 유기농 식빵을 적당한 크기로 잘라 유기농 우유와
달걀 풀어놓은 물에 푹 적시고, 오일 조금 두른 팬에 노릇하게 구
워주세요. 조청을 조금 뿌려줘도 좋아요.

• **찐 감자** : 압력솥에 깨끗이 씻은 감자를 껍질째 넣고 물 1/2컵,
소금 한꼬집을 뿌려 쪄주세요. 껍질을 까서 바로 먹여도 좋고, 껍
질을 벗겨 곱게 으깨어 채반에 한 번 더 내린 뒤 우유나 분유물을
조금 넣어 포테이토매쉬 상태로 먹여도 좋아요.

• **찐 고구마** : 압력솥에 깨끗이 씻은 고구마를 껍질째 넣고 물 1/2
컵을 부어 쪄주세요. 감자와 마찬가지로 껍질을 까서 바로 먹여도

좋고, 껍질을 벗겨 곱게 으깨어 채반에 한 번 더 내린 뒤 우유나 분유물을 조금 넣어 포테이토매쉬 상태로 먹여도 좋아요.

•**군고구마** : 두꺼운 무쇠냄비에 종이호일을 두 장 겹쳐 깔아주세요. 잘 씻은 고구마를 껍질째 준비한 다음, 가운데 부분 깊숙이 칼집을 내주세요. 무쇠냄비에 올려 뚜껑을 덮고 약불에서 1시간가량 두시면 돼요(고구마 3개 정도 기준). 30분쯤 지났을 때 뚜껑을 열고 군고구마의 위아래 위치를 바꿔주세요. 고구마가 너무 크면 반으로 잘라 익히는 게 좋고, 약불을 유지하는 걸 잊지 마세요. 그리고 꼭 타이머를 설정해두도록 하세요. 쪄먹는 고구마와는 또 다른 매력이 있답니다.

•**찐 단호박** : 단호박은 미니 단호박이 맛있어요(특히 보짱). 김 오른 찜기에 올려 푹 찐 뒤 반으로 잘라 씨를 제거하고 노란 속살을 먹이세요. 간식으로 먹고 남은 건, 단호박죽을 끓여도 좋아요.

•**찐 옥수수** : 여름에 나오는 유기농 옥수수를 한번에 삶거나 쪄서 소분한 뒤 냉동실에 보관해두면, 일 년 내내 간식으로 먹을 수 있어요. 냉동실에서 꺼낸 옥수수는 김 오른 찜기에 쪄서 먹거나, 알알이 빼서 옥수수밥을 해도 좋아요.

•**대추토마토** : 꼭지를 제거하고 칼로 십자 모양의 칼집을 낸 뒤 팔팔 끓는 물에 15초가량 데쳤다가 꺼내 차가운 물에서 껍질을 벗깁니다. 껍질 벗긴 과육을 잘라 먹이면 아기들이 먹기 더 좋아요.

•**아보카도** : 잘 익은 아보카도를 큐브 모양으로 잘라 꿀이나 아가베시럽을 아주 살짝 뿌린 뒤 먹어요.

달걀부추죽

+ 재료

· **쌀+찹쌀** 1/2컵
· **멀티 육수** 2컵
· **달걀** 3개
· **부추** 20그램
· **초피액젓** 1/2작은술
· **김채** 약간
· **참기름·깨** 적당량

+ 재료 준비

쌀+찹쌀 : 30분 이상 불린
뒤 채반에 밭쳐 물기를 뺀다.

부추 : 잘게 다진다.

1 냄비에 불린 쌀+찹쌀과 육수를 부어 한소끔 끓인
뒤, 약불로 줄여 쌀알이 퍼지게 익힌다.

2 달걀과 부추를 넣어 잘 저어주다가 달걀이 익으면
초피액젓으로 간하고, 참기름을 뿌려 향을 돋운다.

3 김채를 넣어 한 번 더 저어준 뒤, 접시에 담고 고명
으로 김채를 올려 낸다.

저염명란 달걀죽

+ 재료

· 쌀+찹쌀 1/2컵
· 다진 마늘 1작은술
· 양파 1/4개
· 저염명란 2큰술
· 부추 20그램
· 멀티 육수 2컵
· 달걀 1개
· 참기름 · 깨 적당량

+ 재료 준비

쌀+찹쌀 : 잘 씻어 잠시 물에 불린다.

양파 : 곱게 다진다.

저염명란 : 껍질을 반으로 갈라 안쪽 명란만 발라낸다.

부추 : 다진다.

1 참기름 두른 팬에 다진 마늘을 약불로 볶다가 양파를 넣어 약불에 오래 볶는다.

2 불린 쌀+찹쌀을 넣고 같이 볶아준다.

3 센불로 올려 분량의 육수를 붓고 팔팔 끓으면 중약불로 줄이고 저어가며 끓인다.

4 쌀알이 조금씩 익으면 명란을 넣고 저어가며 끓인다.

5 쌀알이 다 익었으면, 달걀과 부추를 넣어 잘 저어주고 한소끔 끓인 뒤 깨를 넣어 마무리한다.

tip 쌀과 찹쌀을 합쳐서 1/2컵 분량으로 죽을 만들면, 200그램 정도 먹는 아가들이 세 번 먹는 양이 나와요. 바로 먹일 것을 제외하고, 뜨거울 때 이유식 용기에 담아 뚜껑을 덮어 냉동 보관했다가 먹기 전날 냉장실로 옮겨두세요.

바지락미역
미소죽

+ 재료

- **쌀+찹쌀** 1/2컵
- **멀티 육수** 2컵
- **불린 미역 다진 것** 1큰술
- **양파** 1/6개
- **연두부** 3큰술
- **느타리버섯** 10가닥
- **바지락살** 2큰술
- **미소** 1/2작은술
- **참기름 · 깨** 적당량

+ 재료 준비

쌀+찹쌀 : 잘 씻은 후 잠시 물에 불린다.

양파 : 곱게 다진다.

느타리버섯 : 곱게 다진다.

마른 미역 : 물에 불린다.

바지락살 : 잘 씻은 후 바지락 껍질이 붙지 않았는지 확인하고 다진다.

1 참기름 두른 팬에 바지락을 넣어 볶다가 불린 쌀+찹쌀을 넣어 볶는다.

2 양파와 육수를 넣어 센불에서 한소끔 끓인 뒤, 불린 미역을 넣고 중약불로 줄여 쌀알이 퍼지게 익힌다.

3 미소, 연두부와 느타리버섯을 넣고 한소끔 끓인 뒤, 예쁜 접시에 담아 깨를 뿌려낸다.

바지락부추죽

+ 재료

· 쌀+찹쌀 1/2컵
· 바지락살 1/2컵
· 양파 1/6개
· 당근 20그램
· 애호박 30그램
· 미니 파프리카 1개
· 부추 20그램
· 멀티 육수 2컵
· 초피액젓 1/2작은술
· 참기름 · 깨 적당량

+ 재료 준비

쌀+찹쌀 : 잘 씻은 후 잠시 물에 불린다.

양파 & 당근 & 애호박 & 파프리카 & 부추 : 곱게 다진다.

바지락살 : 잘 씻은 후 바지락 껍질이 붙지 않았는지 확인하고 다진다.

1 참기름 두른 팬에 바지락살을 넣어 볶다가 불린 쌀+찹쌀을 넣어 볶는다.

2 양파, 당근, 애호박, 육수를 부어 센불에서 한소끔 끓인다.

3 중약불로 줄인 뒤 쌀알이 퍼지면(10분가량), 부추와 파프리카를 넣어 한소끔 끓인다.

4 초피액젓으로 간한 뒤 깨를 갈아 마무리한다.

마
잣
죽

+재 료

· 쌀+찹쌀 1/3컵
· 물 1/2컵 & 물 1컵
· 잣 1큰술
· 마 강판에 간 것 1/2컵
· 소금 한꼬집

+재 료 준 비

쌀+찹쌀 : 30분 이상 불린 뒤 믹서에 물 1/2컵을 넣고 곱게 간다.

잣 : 고깔을 떼고 도마 위에 키친타올을 올린 뒤 그 위에 잣을 올려 곱게 다진다.

마 : 비닐장갑을 끼고 껍질을 벗긴 뒤 강판에 갈아준다.

1 냄비에 찹쌀과 물 1컵을 넣고 센불에서 팔팔 끓으면 약약불로 줄여 5분간 저어가며 쌀알을 익혀준다.

2 갈은 마를 넣고 7분 이상 약불에서 끓인다.

3 마지막에 잣가루, 소금 한꼬집을 넣고 한소끔 끓인 뒤 예쁜 볼에 담아 먹인다.

tip 마를 손질할 때는 꼭 비닐장갑을 끼고 껍질을 벗기도 록 하세요.

황태날치알죽

+ 재 료

· **쌀+찹쌀** 1/2컵
· **멀티 육수** 2컵
· **다진 마늘** 1작은술
· **황태채** 15그램
· **날치알** 2큰술
· **양파** 1/6개
· **부추** 20그램
· **초피액젓** 1/2작은술
· **참기름** 적당량

+ 재 료 준 비

쌀 + 찹쌀 : 30분 이상 불린 뒤 채반에 밭쳐 물기를 뺀다.

황태채 : 얇게 찢어 가위로 작게 자른다.

양파 : 곱게 다진다.

부추 : 다진다.

1 참기름 두른 팬에 다진 마늘과 양파를 넣고 약불에 볶는다.

2 불린 쌀+찹쌀을 넣어 달달 볶은 뒤 황채태와 육수를 넣고 센불에서 한소끔 끓인다.

3 약불로 줄여 쌀알이 퍼지게 익힌다(10분가량).

4 날치알과 부추, 초피액젓을 넣어 한소끔 끓이고 마무리한 뒤 접시에 담아낸다.

붉은 대게살죽

+재 료

· **쌀+찹쌀** 1/2컵
· **붉은 게살** 100그램
· **양파** 1/4개
· **당근** 20그램
· **멀티 육수** 2컵
· **초피액젓** 1/2작은술
· **참기름** 1큰술
· **달걀** 1개
· **깨 · 김가루** 적당량

+재 료 준 비

쌀+찹쌀 : 30분 이상 불린 뒤
채반에 밭쳐 물기를 뺀다.

붉은 게살 : 채반 위에 올려
수분을 제거한다.

양파 & 당근 : 곱게 다진다.

1 팬에 참기름을 두른 뒤 양파를 넣어 잘 볶는다.

2 당근과 불린 쌀+찹쌀을 넣어 달달 볶다가 분량의
육수를 넣어 센불에서 한소끔 끓인 뒤, 약불로 줄여
쌀알이 퍼지게 익힌다.

3 게살과 달걀을 넣어 고루 저어준다.

4 초피액젓으로 간하고 예쁜 접시에 담아 깨와 김가루
를 올려 낸다.

tip 게살은 한살림에서 구입.

단팥죽

+ 재료

· **팥** 500그램
· **물** 충분히
· **유기농 비정제설탕** 3/4컵
· **소금** 2작은술

+ 재료 준비

팥 : 흐르는 물에 깨끗이
씻는다.

1 용량이 넉넉한 냄비에 팥을 넣고 팥 위로 3cm 정도 윗선까지 오도록 물을 부어준 뒤 센불에 끓인다.

2 팔팔 끓으면 물을 싹 버리고, 찬물에 가볍게 헹궈낸 뒤 팥 위로 8cm 가량 물이 올라오게 새로운 물을 받는다.

3 센불에 올려 팔팔 끓으면, 중약불로 줄여 푹 끓인다 (약 2시간 / 타이머설정 1시간 30분 정도).

4 중간중간 잘 저어주며 물이 부족하면 끓인 물을 부어가며 팥을 푹 익힌다.

5 단단한 팥이 스르륵 으깨질 정도로 푹 익으면 식혀준 뒤 핸드블렌더를 이용해서 갈아준다.

6 곱게 간 팥은 묽은 고추장 정도의 되직함이 되어야 한다. 수분이 부족하면 보충해주고 중불에서 다시 끓여주기 시작한다.

7 분량의 소금과 설탕을 넣고 저어가며 계속 끓여 완성한다.

tip • 찹쌀떡, 찐 밤, 한 번 구운 견과류 등이 있다면 토핑으로 활용할 수 있고, 시나몬가루가 있다면 살짝 뿌려도 좋아요. 팥죽은 뜨거울 때 주루룩 흐르는 정도의 상태로 만들어줘야 약간 식은 뒤 먹기 편한 정도의 되직함으로 완성됩니다.

• 먹고 남은 팥죽은 냉동용기에 소분하여 냉동실에 넣어두었다가, 먹기 전날 냉장고로 옮겨놓고 당일에 냄비에 다시 끓여서 드세요.

밤 찹쌀주먹밥

+ 재료

· **찹쌀** 1컵 + **쌀** 1컵
· **검은깨 간 것** 약간
· **깨 간 것** 약간

A
· **물** 2컵에서 2큰술 정도
　빼 분량
· **양조간장** 1큰술
· **유기농 비정제설탕** 1/2큰술
· **소금** 한꼬집
· **참기름** 1/2큰술
· **밤 쪄서 으깬 것** 1컵

+ 재료 준비

찹쌀 + 쌀 : 30분 이상 불린 뒤 채반에 올려 물기를 제거한다.

밤 : 김 오른 찜기에 쪄서 으깬다.

1 압력솥에 찹쌀+쌀 불린 것과 A를 넣어 평상시처럼 밥한다.

2 살짝 식힌 뒤 적당한 틀에 랩을 깔고 지은 밥을 넣어 모양을 잡는다.

3 표면에 깨 간 것을 듬뿍 올린 뒤 접시에 담아 먹인다.

tip 외출할 때 가지고 나가면 편하게 먹일 수 있어요. 밤은 꼭 쪄서 으깨지 않아도, 밥할 때 생밤을 칼로 적당히 몇 번 나누어 넣고 밥을 지어도 괜찮아요(생밤 15개 분량 정도). 바로 먹일 분량을 제외한 나머지는 랩에 감싼 뒤 밀폐용기에 담아 냉동 보관해두세요. 실온에서 해동한 뒤 바로 먹어도 되고, 마른 팬에 앞뒤로 노릇하게 구워 먹여도 좋아요.

파인애플 새우볶음밥

+재료

· 생 파인애플 손질해서
  다진 것 50그램
· 새우 4마리
· 다진 마늘 1/2작은술
· 양파 1/4개
· 미니 파프리카 1개
· 오일 적당량
· 소금 한꼬집
· 아기밥 1공기

+재료 준비

생 파인애플 : 껍질과 가운
데 심지를 잘라내고 먹기
좋게 자른 뒤 다진다.

새우 : 껍질을 벗겨 살만 분
리한 뒤 다진다.

양파 : 곱게 다진다.

미니 파프리카 : 반으로 갈
라 씨를 제거한 뒤 곱게 다
진다.

1 오일 두른 팬에 다진 마늘과 양파를 넣고 5분가량
약불에서 볶아준다.

2 센불로 올린 뒤 새우살을 넣고 재빨리 볶는다.

3 미니 파프리카와 파인애플, 아기밥 그리고 소금을
넣어 재빨리 볶은 후, 예쁜 그릇에 담아낸다.

tip 손질한 생 파인애플은 한 번씩 꺼내 먹기 좋게 소분하
여 냉장 보관해두세요. 갈아서 살짝 얼려 셔벗으로 먹
이거나 식품건조기를 이용해 말린 후 아이 간식으로
먹여도 좋아요. 파인애플은 소화에 도움이 되는 과일
이니 알뜰히 활용하세요.

황태채
감자버섯밥

+재료

- 쌀 1/2컵
- **멀티 육수** 2/3컵
- 감자 60그램
- 애느타리버섯 1줌
- **황태채** 15그램

A
- **다진 마늘** 1/2작은술
- **들기름** 1작은술

+재료 준비

쌀 : 20분 이상 불린 뒤 채반에 올려 물기를 제거한다.

황태채 : 물에 살짝 씻은 후 물기를 꼭 짜고, 가위로 작게 자른 다음, A재료를 넣어 조물조물한다.

감자 : 채 썬다.

애느타리버섯 : 기둥을 자르고 가닥가닥 떼어놓는다.

1   무쇠냄비에 불린 쌀을 붓고 분량의 육수를 부은 다음, 밥 위에 양념한 황태채와 감자채, 애느타리버섯을 펼쳐 올린다.

2   센불에 팔팔 끓으면 뚜껑을 닫고 약불로 15분간 둔다.

3   아래위로 섞은 다음 뚜껑을 닫아 잠시 뜸 들이고, 양념간장을 조금 넣어 비벼준 후 예쁜 그릇에 담아낸다.

tip   베이비 간장 1/2큰술, 물 1/2큰술, 참기름 1/2작은술, 깨 적당량을 넣고 잘 섞어주면, 맛있는 양념간장을 만들 수 있어요.

베이비 오야꼬동

+재료

- **닭다리살** 80그램
- **다진 마늘** 1/2작은술
- **양파** 1/6개
- **물 또는 육수** 3큰술
- **양조간장** 1/2작은술
- **유기농 비정제설탕**
  1/2작은술
- **달걀** 1개
- **참기름** 1/2작은술
- **오일** 적당량
- **아기밥** 1공기

A
- **소금** 한꼬집
- **생강가루** 한꼬집

+재료 준비

닭다리살 : 지방은 떼어버리고 아기가 먹기 좋은 한 입 크기로 자른 뒤 A재료를 넣어 버무려둔다.

양파 : 채 썬다.

1 오일 두른 팬에 다진 마늘과 양파를 넣어 달달 볶는다.

2 밑간한 닭다리살을 넣어 잘 익도록 볶아준다.

3 분량의 육수와 양조간장, 설탕을 넣어 살짝 끓인다.

4 달걀을 넣고 노른자를 살려 잘 익혀준 다음, 접시에 따뜻한 밥을 담고
   그 위에 얹는다. 참기름을 조금 뿌려 낸다.

아기 김밥

+ 재료

· 아기밥 1공기
· 김 1장
· **취청오이** 1/3개
· **참기름** 적당량
· **깨소금** 약간

[달걀말이]

· **달걀** 3개
· **대파 흰 부분**
  1대 분량 다진 것
· **미림** 1/2큰술
· **오일** 적당량

[우엉조림]

· **손질한 우엉** 200그램
· **물** 우엉이 잠길 정도
· **식초** 3큰술
· **미림** 1/2컵
· **간장** 2큰술
· **유기농 비정제설탕** 1큰술
· **들기름** 2큰술
· **조청** 1큰술(마지막에)

아기밥 : 김밥용 밥은 쌀 7 : 찹쌀 3의 비율로 짓는다.

달걀말이 : 분량의 재료로 두툼하게 달걀말이를 한 뒤 보통 김밥 말 때보다 통통하게 잘라준다.

우엉조림 : 우엉을 채 썬 뒤 우엉이 잠길 정도의 물에 식초를 넣고 30분가량 둔다. 조청을 제외한 모든 재료를 넣고 센불에 팔팔 끓이다가 약불로 줄여 조림장의 수분이 날아갈 때까지 조린다. 조림장 수분이 바닥에 조금 남아있을 때 센불로 올린 뒤 조청을 넣어 윤기 나게 조려준다.

취청오이 : 길이로 길게 자른 뒤 씨 부분을 제거하고 채 썬다.

1 김 위에 밥을 얇고 꼼꼼하게 펼친 뒤 두툼한 달걀말이, 오이채, 우엉조림을 듬뿍 넣어 돌돌 만다.

2 참기름을 바르고 아기가 먹기 좋은 크기로 자른 뒤, 깨소금을 뿌려 낸다.

tip 단면에 구멍이 없는 싱싱한 우엉으로 해야 윤기 나는 우엉조림이 쉽게 완성됩니다. 우엉 자체에 바람이 들어있는 경우 부서지거나 색이 진하게 나오지 않아요. 물론 쫄깃하지도 않고요.

대추토마토소스
해물볶음밥

+ 재료

· 새우 3개
· 오징어 새우와 비슷한 분량
· 다진 마늘 1/2작은술
· 양파 1/4개
· 미니 파프리카 1개
· 애호박 파프리카와 비슷한 분량
· 오일 적당량
· 아기밥 1공기
· 소금 한꼬집

· 대추토마토 8개
· 아가베시럽 1/2큰술

+ 재료 준비

새우 : 껍질을 벗겨 손질한 뒤 작게 다진다.

오징어 : 새우랑 비슷한 크기로 작게 다진다.

양파 : 곱게 다진다.

미니 파프리카 : 반으로 잘라 씨를 제거한 뒤 곱게 다진다.

애호박 : 파프리카와 비슷한 크기로 다진다.

대추토마토 : 아가베시럽을 넣어 믹서로 갈아준 뒤 체에 올려 맑게 걸러내어 소스를 만든다.

1 오일 두른 팬에 다진 마늘과 양파를 넣고 약불에 5분가량 볶다가, 애호박을 넣어 달달 볶아준다.

2 센불로 올려 새우와 오징어를 넣고 재빨리 볶는다.

3 새우와 오징어가 익으면 파프리카, 밥, 소금을 넣고 재빨리 볶아낸다.

4 접시에 예쁘게 담고 준비한 대추토마토소스를 곁들여낸다.

tip 대추토마토소스는 믹서에 간 뒤 한 번 끓여 체에 걸러도 좋아요. 해물볶음밥만으로도 맛있지만 대추토마토소스를 곁들여 내주면 한비는 더 좋아했었어요. 해물볶음밥을 따로 먹이고, 대추토마토소스를 후식으로 먹여도 좋답니다.

대추토마토소스 파스타

+ 재료

· 파스타 30그램
· 소금 1/2작은술
· 파스타 삶을 물

· 다진 마늘 1작은술
· 양파 1/4개
· 대추토마토 1컵
· 올리브오일 1큰술
  & 올리브오일 1/2큰술
· 아가베시럽 1작은술
· 발사믹식초 1/2작은술
· 소금 한꼬집
· 통후추 간 것 한꼬집
· 파스타 삶은 물 3큰술

+ 재료 준비

양파 : 곱게 다진다.

대추토마토 : 반으로 자른다.

파스타 : 물을 팔팔 끓인 뒤 푸실리 파스타와 분량의 소금을 넣고, 파스타 봉지 뒷면에 있는 삶는 시간보다 1분 적게 삶아 채반에 받친다.

1 냄비에 올리브오일 1큰술을 넣고 다진 마늘과 양파를 약불에 5분가량 볶는다.

2 센불로 올리고 대추토마토를 넣어 달달 볶은 뒤, 아가베시럽과 발사믹식초를 넣어 재빨리 볶는다.

3 삶은 파스타를 2에 넣고 소금, 통후추 간 것, 올리브오일 1/2큰술 그리고 파스타 삶은 물 3큰술을 넣어 센불에서 한 번 끓여준 뒤 접시에 담아낸다.

tip 토마토케첩 맛을 좋아하는 아기라면, 마지막 3번 과정에서 유기농 토마토케첩 1큰술을 넣어 진한 맛을 추가해주세요. 유기농 제품은 토마토 함량이 훨씬 높답니다.

무쇠냄비 파스타

+ 재료

· 엑스트라버진
  올리브오일 넉넉히
· 다진 마늘 1/2큰술
· 양파 1/2개
· 애호박 1/3개
· 새송이버섯(또는 느타리
  버섯이나 양송이버섯)
  한줌
· 푸실리면 1컵
· 헌츠 토마토소스 1캔
· 물 2/3컵
· 대추토마토 1컵
· 발시믹식초 1/2큰술
· 아가베시럽 1/2큰술
· 소금 & 후추 한꼬집

+ 재료 준비

양파 : 길게 채 썬다.

애호박 : 반달 썬다.

새송이버섯 : 삐져 썬다(느
타리버섯은 가닥가닥 찢고,
양송이버섯은 편 썬다).

대추토마토 : 반으로 자른다.

1 무쇠냄비에 올리브오일을 1큰술가량 두른 뒤 양파와 다진 마늘을 펼쳐 올린다.

2 그 위에 버섯과 애호박을 펼쳐 올리고 올리브오일을 살짝 뿌린다.

3 푸실리면과 토마토소스를 넣고, 토마토소스 캔에 물 2/3컵을 넣어 싹 헹궈 마저 부어준다.

4 대추토마토를 올리고 아가베시럽과 발사믹식초를 고루 뿌려준 다음, 올리브오일을 마지막으로 지그재그로 뿌려준다.

5 무쇠냄비의 뚜껑을 닫고 중약불로 20분 타이머 설정을 한다. 20분 뒤에 뚜껑을 열고 센불로 올려 수분을 살짝 날린 뒤, 소금과 후추를 한 꼬집씩 갈아서 섞어준 후, 접시에 담아낸다.

tip • 무쇠냄비에 하는 저수분 요리입니다. 엄마가 함께 먹기 좋은 메뉴예요. 아이용 파스타에는 유기농 치즈 한 장을 올려줘도 좋고, 엄마용 파스타엔 피자 치즈나 체다 치즈를 듬뿍 올려 오븐에 살짝 돌려 먹어보세요.

• 이런 방법도 있어요. 매콤한 맛을 좋아하신다면 아기용 파스타를 먼저 덜어낸 뒤, 고추장 1/2큰술 정도 혹은 할라피뇨 다진 것을 넣고 한소끔 끓여보세요. 칼칼하고 매운 파스타를 즐길 수 있어요.

• 애호박 대신에 집에 있는 다양한 자투리 채소들을 활용하셔도 돼요.

콩국수

· **한살림 콩국물** 300그램
· **오이채** 조금
· **방울토마토** 1개
· **소면** 아기 1인분 분량

1　팔팔 끓는 물에 소면을 삶아낸 뒤 찬물에 씻어 물기를 제거한다.

2　예쁜 접시에 삶아놓은 소면을 올리고 콩국물을 부어준다.

3　오이채와 반으로 가른 방울토마토를 올려 낸다.

tip　· 저는 한살림 콩국물을 너무 좋아해서 배고플 때 간식 대용으로 먹기도 해요. 한비도 콩국수를 좋아해서 이렇게 간단하게 종종 해서 먹었어요.

가지볶음

+재료

- 다진 마늘 1작은술
- 대파 흰 부분 다진 것
  1큰술
- 가지 150그램
- 오일 1큰술
- 깨 간 것 조금
- 참기름 1/2작은술

A
- 생강가루 1/3작은술
- 양조간장 1/2작은술
- 아가베시럽 1/2큰술

+재료 준비

가지 : 연필 깍듯 삐져 썬다.

대파 흰 부분 : 길이로 길게
썬 뒤 다진다.

1 오일 두른 팬에 다진 대파와 다진 마늘을 넣고 약불
   에서 볶다가, 센불에서 가지를 볶는다. 이때 오일을
   조금 더 넣는다.

2 A양념을 넣어 볶아준 뒤 깨와 참기름을 넣어 마무
   리하고 접시에 담아낸다.

tip 가지를 오일에 튀기면 가지의 영양소를 그대로 흡수
     하기 좋다고 배웠어요.

새우젓 애호박 볶음

+ 재 료

- **다진 마늘** 1/2작은술
- **양파** 1/4개
- **애호박** 1/4개
- **멀티 육수** 1컵
- **새우젓** 1/2작은술
- **참기름** 1/2작은술
- **깨 · 오일** 약간

+ 재 료 준 비

애호박 : 0.5cm 두께로 동그랗게 썬 뒤 4등분한다.

양파 : 채 썬다.

1 오일 두른 팬에 다진 마늘과 양파가 노릇해질 때까지 약불에서 오래 볶는다.

2 애호박을 넣어 살짝 볶아준 뒤 육수를 부어 끓인다.

3 팔팔 끓으면 새우젓으로 간한 뒤 참기름을 뿌려 마무리하고, 접시에 담아 깨를 뿌려낸다.

숙주나물볶음

+ 재료

· **숙주나물** 100그램
· **들기름** 넉넉한 1큰술
· **다진 마늘** 1/2큰술
· **초피액젓** 1/2작은술
· **깨** 적당량

+ 재료 준비

숙주나물 : 깨끗이 씻어 손질하고 물기를 빼준다.

1 웍에 들기름을 두르고 다진 마늘을 약불에서 달달 볶는다.

2 숙주를 넣고 아래위로 골고루 저어주며 볶는다.

3 숙주의 숨이 죽으면 초피액젓과 깨를 넣어 마무리하고 접시에 담아낸다.

tip 한비는 일반적인 숙주나물보다 볶아내는 숙주나물을 좋아해서 자주 만들었어요.

카레맛
대추토마토볶음

+ 재 료

· 다진 마늘 1/2작은술
· 양파 1/8개
· 카레가루 1/2작은술
· 대추토마토 10개
· 아가베시럽 1/2작은술
· 오일 적당량

+ 재 료 준 비

양파 : 곱게 다진다.

대추토마토 : 반으로 자른다.

1 냄비에 오일을 두르고 다진 마늘과 양파를 넣어 약
불에서 달달 볶는다.

2 카레가루를 넣어 노릇하게 볶아준다.

3 중불로 올린 뒤 대추토마토를 넣어 볶다가 아가베시
럽을 넣어 한 번 더 볶아준 후, 접시에 담아낸다.

도토리묵무침

+재료

· **도토리묵**
  1/3팩 분량(약 150그램)
· **조미 안 된 김가루** 반줌
· **초피액젓** 1/2작은술
· **깨** 적당량
· **참기름** 1방울

+재료 준비

도토리묵 : 아기 한입 크기
로 자른다.

김가루 : 마른 김을 불에 살
짝 구운 뒤, 비닐봉지에 넣
어 부셔준다.

1 팔팔 끓는 물에 도토리묵을 넣어 30초가량 데치고
물기를 제거한다.

2 볼에 도토리묵과 모든 재료를 넣어 가볍게 무친 후,
접시에 담아낸다.

tip · 사실 도토리묵은 데치지 않아도 괜찮지만, 저는 아
기 먹일 거라 데쳐서 해먹여요. 오래 데치면 절대 안
되고 팔팔 끓는 물에 30초 정도 넣었다 빼는 식으로
살짝 데쳐주세요. 한비의 경우 도토리묵 자체를 너
무 좋아해 따로 간해주지 않고 먹였는데, 한 번 먹여
보고 그냥 생으로도 잘 먹으면 그냥 먹이는 것을 추
천해요.

· 남은 도토리묵은 엄마 아빠용으로 오이와 쑥갓을 넣
어 새콤하게 도토리무침을 만들어 드세요.

느
타
리
버
섯
들
깨
무
침

+ 재료

· **느타리버섯** 200그램

A
· **들깨가루** 넉넉한 1큰술
· **초피액젓** 1/2작은술
· **들기름** 1작은술

+ 재료 준비

느타리버섯 : 길이로 길게 찢은 뒤 팔팔 끓는 물에 살짝 데쳐내서 물기를 꼭 짠다.

1 볼에 느타리버섯과 A를 넣어 고루 무친 뒤, 접시에 담아낸다.

tip 들깨가루는 유기농 매장에서 판매하는 거피들깨가루를 구입하면 되고 구입 후 꼭 냉장 보관, 혹은 냉동 보관해주세요.

고구마 닭안심조림

+ 재료

· **닭안심** 3조각
· **고구마** 100그램
· **물 또는 육수** 1컵
· **양조간장** 1/2작은술
· **조청** 1작은술
· **참기름** 1/2작은술
· **깨** 적당량

+ 재료 준비

닭안심 : 손톱 크기로 자른다.

고구마 : 껍질을 벗기고 닭안심과 비슷한 크기로 잘라준다.

1 냄비에 고구마와 물을 넣고 팔팔 끓으면 약불로 줄인 뒤 7분가량 익혀준다.

2 고구마가 어느 정도 익었을 때 닭안심, 양조간장, 조청을 넣고 익혀준다.

3 국물이 졸아들면 참기름을 넣고 깨를 뿌려 접시에 담아낸다.

메추리알 새송이버섯 장조림

+ 재료

- 손질된 메추리알
  250그램(약 23개 분량)
- 새송이버섯 130그램
- 다시마 5×5cm 1장
- 물 2컵
- 양조간장 1큰술
- 유기농 비정제설탕
  1큰술
- 통마늘 10개

1 냄비에 모든 재료를 담고 뚜껑을 연 채로 센불에서 끓인다. 팔팔 끓으면 뚜껑을 닫고 중불로 내린 뒤 타이머를 설정해서 20분가량 둔다.

2 국물이 졸아들어 완성되면 완전히 식혀준 뒤 접시에 담아 먹이고, 남은 건 밀폐용기에 보관한 뒤 냉장 보관한다.

아기 등갈비 조림

+ 재 료

· **돼지고기 등갈비**
　600그램
· **조청** 1큰술
· **참기름 & 깨** 적당량

A
· **대파 흰 부분** 1대 분량
· **통마늘** 4개
· **통후추** 1큰술
· **월계수잎** 약간

B
· **물** 2컵
· **다진 마늘** 1/2큰술
· **양조간장** 1큰술

+ 재 료 준 비

등갈비 : 대각선으로 칼집
을 낸 뒤 팔팔 물이 끓으면
등갈비와 A를 넣어 5분가량
삶아낸다. 등갈비를 건져서
찬물에 가볍게 씻어낸 뒤
한쪽씩 칼로 나눈다.

1 냄비에 삶아낸 등갈비와 B를 넣고 센불에서 팔팔 끓인 뒤 중불로 줄여 20분가량 조려낸다.

2 센불로 올려 조청을 넣고 뒤적거리다가 마지막에 참기름을 적당히 넣어 마무리하고, 접시에 담아 깨를 뿌려 낸다.

tip 어떤 조림류든, 한 번 끓어오르면 중약불로 줄인 뒤 조림장 수분이 줄어들 때까지 인내심을 가지고 기다려야 해요. 마지막에 냄비 바닥에 조림장이 1cm 정도 남아있을 때 액체당류(조청이나 아가베시럽 등)를 넣고, 센불로 올려 색이 나게 조려주면 먹음직스럽게 완성이 된답니다.

엄마표 어묵

- 손질 오징어 300그램
- 새우살 300그램
- 다진 마늘 1작은술
- 양파 1/2개
- 당근 50그램
- 파프리카 30그램
- 오일 적당량

A

- 100% 감자전분 2큰술
- 생강가루 1/2작은술
- 청주 1/2큰술
- 소금 적당량
- 후추 적당량

+재료 준비

오징어 & 새우살 : 푸드프로세서를 이용해 다진다.

양파 & 당근 & 파프리카 : 곱게 다진 뒤 다진 마늘과 오일 두른 웍에 다같이 볶아주고 펼쳐 식힌다.

1 볼에 다진 오징어와 새우, 준비한 채소, A재료를 넣어 한 번 치대준 뒤 냉장고에 30분 이상 넣어둔다.

2 작은 아이스크림 스쿱을 이용해 동글동글한 모양으로 떠준 뒤 오븐팬에 종이호일을 깔고 어묵을 올린다.

3 오일을 살짝 발라주고 170도 예열된 오븐에서 10분간 구워낸 뒤, 예쁜 접시에 담아낸다.

tip • 오븐이 없다면 오일 두른 팬에 어묵을 올리고 살짝 납작하게 눌러 앞뒤로 노릇하게 구워주면 돼요. 구워낸 어묵은 밀폐용기에 넣어 냉동 보관하거나, 냉장 보관 후 일주일 안에 먹어요. 그냥 먹어도 맛있지만, 아기용 떡볶이에 넣어 요리하기에도 좋아요.

• 해물은 모두 유기농 매장의 냉동 코너에서 구매해요.

오래 끓이는 미트소스

+ 재료

· 다진 마늘 1큰술
· 양파 1/2개
· 당근 30그램
· 다진 소고기 300그램
· 레드와인 또는 청주 3큰술
· 홀토마토 800그램
   (1캔 분량)
· 유기농 비정제설탕 1큰술
· 발사믹식초 1큰술
· 소금 한꼬집
· 월계수잎 3장
· 올리브오일 적당량

+ 재료 준비

양파 & 당근 : 비슷한 크기로 작게 다진다.

소고기 : 키친타월 위에 올려 핏물을 제거한다.

1　두꺼운 무쇠냄비에 올리브오일을 두르고 다진 마늘과 양파를 약불에서 볶아준다.

2　당근과 소고기를 넣어 잘 볶다가 레드와인 또는 청주를 붓고 센불에서 수분을 날리며 볶는다.

3　홀토마토를 넣고 센불에 한 번 팔팔 끓인 뒤 분량의 설탕과 발사믹식초 그리고 월계수잎을 넣는다. 약불로 줄인 뒤 뚜껑을 덮고 1시간 30분가량 뭉근히 끓인다.

4　뚜껑을 열고 잘 저어준 뒤 소금과 올리브오일을 넣어 잘 섞은 다음, 한김 식히고 소분하여 냉동 보관한다.

tip　• 대추토마토가 있다면 2컵 정도를 4등분해서 4번 과정에 넣고 한 번 더 푹 끓여주세요. 더 진하고 맛있어져요. 그리고 약불로 줄일 때 2시간 정도 푹 졸이면 더 진한 맛을 느낄 수 있어요.

　　• 한 번씩 먹을 분량으로 소분하여 냉동 보관한 미트소스는 먹이기 전날 냉장고로 옮겨 파스타에 비벼 먹이거나, 밥에 비벼 치즈 한 장을 올린 뒤 오븐에 살짝 돌려 먹여도 좋아요. 여행을 가거나 외출할 때 들고 나가기 좋은 아기용 저장음식이에요.

가자미구이

+ 재 료
· 유기농 냉동 손질 가자미
  1마리
· 부침가루 2큰술
· 유기농 카레가루
  1/2큰술
· 오일 적당량

+ 재 료 준 비

냉동 가자미 : 전날 밤 냉장
고로 옮겨 냉장 해동한 뒤,
물에 한 번 헹궈 물기를 제
거하고 사선으로 칼집을 넣
는다.

부침가루+카레가루 : 볼에
잘 섞어둔다.

1 가자미에 부침가루와 카레가루 섞
   어둔 걸 앞뒤로 잘 눌러 바른다.

2 가자미 하나 올라갈 정도의 팬 바닥
   에 오일을 전체적으로 두른 뒤, 앞
   뒤로 노릇하게 구워낸 다음, 예쁜
   접시에 담아낸다.

tip 양파 간 것을 겉면에 듬뿍 묻혀 재웠
     다가 구워도 맛있어요.

+ 재료

· **양배추** 70그램
· **양파** 30그램
· **새우** 5마리
· **부침가루** 2큰술
· **참기름** 1/2작은술
· **찬물** 3큰술
· **오일** 적당량

+ 재료 준비

양배추 & 양파: 곱게 다진다.

새우 : 꼬리를 떼고 작게 다진다.

1 볼에 오일을 제외한 모든 재료를 넣어 잘 섞어준다.

2 오일 두른 팬에 조금씩 덜어 올리고 앞뒤로 노릇하게 지진 다음, 접시에 예쁘게 담아낸다.

양배추전

새우부추전

+ 재료

- **새우** 8마리
- **부추** 30그램
- **달걀** 1개
- **부침가루** 2큰술
- **오일** 적당량

+ 재료 준비

새우 : 꼬리를 떼고 작게 다진다.

부추 : 다진다.

1 볼에 오일을 제외한 재료를 모두 담고 잘 섞는다.

2 오일 두른 팬에 앞뒤로 노릇하게 지지고, 예쁜 접시에 담아낸다.

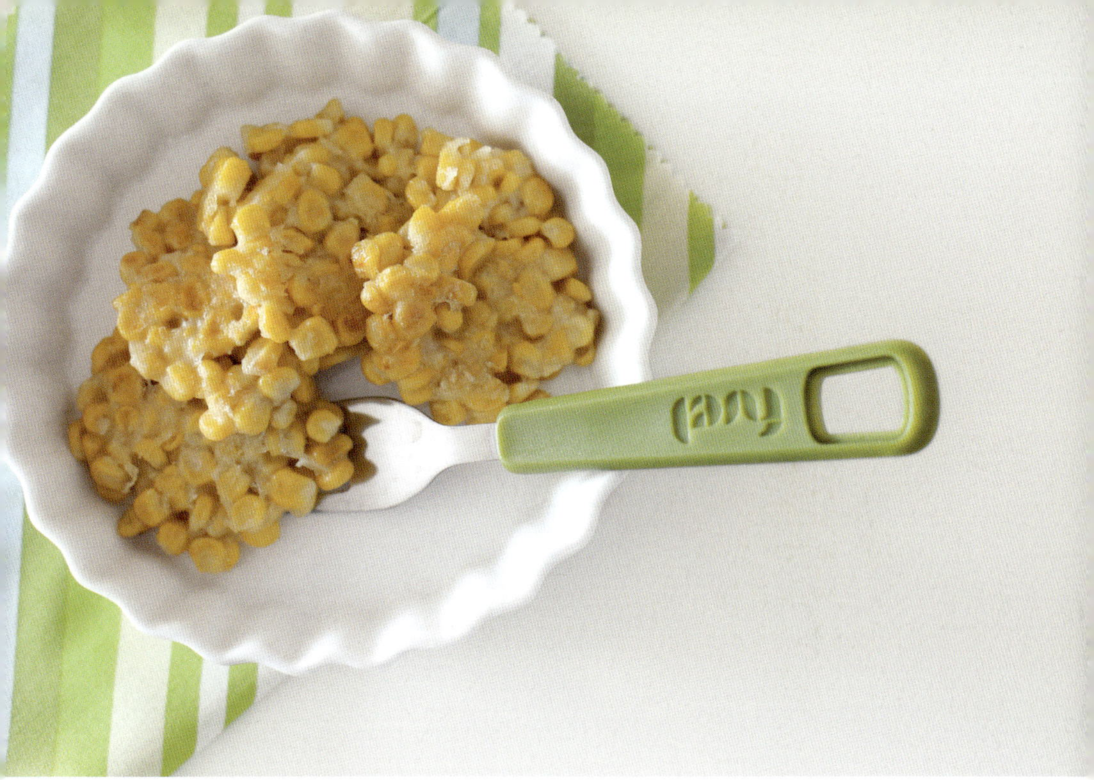

옥수수전

+ 재료

· **유기농 옥수수** 1병 (옥수수알 2컵)
· **부침가루** 2큰술
· **찬물** 3큰술
· **오일** 적당량

+ 재료 준비

옥수수 : 채반에 올려 수분을 제거한다.

1 볼에 오일을 제외한 재료를 모두 담고 잘 섞은 뒤 30분가량 냉장고에 둔다.

2 오일 두른 팬에 앞뒤로 노릇하게 지져낸 뒤, 예쁜 접시에 담아낸다.

1

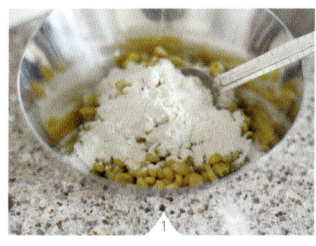

다진 감자전

+ 재료

· **감자** 1개
· **양파** 1/4개
· **100% 감자전분** 2큰술
· **물** 1큰술
· **오일** 적당량

+ 재료 준비

감자 : 껍질을 벗기고 채칼로 얇게 민 뒤 아주 작게 다진다.

양파 : 곱게 다진다.

1 볼에 오일을 제외한 재료를 다 넣어 섞고 냉장고에 20분가량 둔다.

2 오일 두른 팬에 앞뒤로 노릇하게 지진 후, 예쁜 접시에 담아낸다.

마전

+ 재료

· 마 껍질 벗겨
  강판에 간 것 1/2컵
· 100% 감자전분 1작은술
· 양파 다진 것 1큰술
· 당근 다진 것 1큰술
· 소금 한꼬집
· 오일 적당량

+ 재료 준비

생마 : 비닐장갑을 끼고 껍질을 벗긴 뒤 강판에 간다.

양파 & 당근 : 곱게 다진다.

1 볼에 오일을 제외한 재료를 담고 잘 섞어준다.

2 오일 적당히 두른 팬에 노릇하게 부친 뒤, 예쁜 접시에 담아낸다.

왕새우튀김

+ 재료

· 새우 15마리
· 밀가루 1/2컵
· 달걀 3개
· 빵가루 2컵
· 오일 적당량

+ 재료 준비

새우 : 머리를 떼고 껍질을 벗긴 뒤 등쪽 내장을 제거한다.

밀가루 : 일회용 비닐봉지에 담아 준비한다.

달걀 : 볼에 잘 풀어둔다.

빵가루 : 시판 빵가루의 경우, 분량의 빵가루에 물 스프레이를 뿌려 살짝 촉촉하게 만들어둔다.

1 일회용 비닐봉지에 담아둔 밀가루에 손질한 새우를 넣어 봉지를 감싼 뒤 흔들어 새우에 밀가루가 고루 묻게 한다.

2 달걀물–빵가루 순으로 새우에 튀김옷을 입힌다.

3 튀김용 오일을 170도 가량 예열한 뒤 새우를 튀긴 후, 체에 올려 기름을 빼준다.

4 10분 정도 뒤에 조금 높은 온도의 오일에 한 번 더 빨리 튀겨낸 다음, 기름을 빼주고 접시에 담아낸다.

tip • 새우를 튀길 때 적당한 온도인지 확인하려면, 엄지와 검지를 이용해 빵가루를 작게 꽁꽁 뭉친 뒤 예열된 튀김용 오일에 떨어트려보세요. 바닥에 가라앉았다 잠시 후 바로 뜨면 온도가 적당히 예열된 거예요.

   • 시판 빵가루는 한살림 제품 추천. 시판 빵가루는 사용하기 전, 빵가루에 물 스프레이를 충분히 뿌린 뒤 사용하세요. 집에 먹다 남은 식빵이 있다면 푸드프로세서에 살짝 굵직하게 갈아서 쓰는 게 가장 맛있고, 머리와 껍질만 제거된 냉동 새우를 사서 튀기면 좀 더 편해요.

아기 교촌치킨

+ 재료

· 닭윙 1팩(500그램)
· 마늘가루 1/2큰술
· 양파가루 1/2큰술
· 생강가루 1/2작은술
· 100% 감자전분 3~4큰술
· 튀김용 오일 적당량

[조림장]

· 오일 1큰술
· 다진 마늘 1큰술
· 양조간장 1큰술
· 미림 2큰술
· 식초 1큰술
· 조청 또는 아가베시럽
  1/2큰술(마지막에)

+ 재료 준비

닭윙 : 깨끗하게 씻은 뒤 마
늘가루, 양파가루, 생강가
루를 넣고 30분간 재운 뒤
분량의 감자전분을 넣고 버
무려 5분가량 둔다.

1 넓은 팬에 윙이 반쯤 잠기게 오일을 붓고 중불에 예열한 뒤 윙을 넓게 펼쳐 올린다.

2 오일 쪽에 잠긴 윙이 노릇하게 익은 게 보이면 뒤집어준다(한쪽을 완벽히 익힌 뒤 뒤집는다). 바삭하게 튀겨지면 채반에 올려 기름기를 빼준다. 이때 피가 나올 수도 있으니 참고한다.

3 윙을 튀겼던 냄비에 남은 기름은 1큰술 정도 남기고 버린다. 여기에 다진 마늘을 넣어 볶다가 간장, 미림, 식초를 넣고 끓인다.

4 끓어오르면 튀긴 윙과 아가베시럽을 넣어 볶아준 후, 접시에 먹기 좋게 담아낸다.

tip • 마늘가루, 양파가루, 생강가루는 모두 심플리 오가닉스 제품(아이허브)을 사용했어요. 윙을 마늘가루, 양파가루, 생강가루에 재웠다가 튀기는 게 아기 교촌치킨의 포인트예요.

토마토
스크램블 에그

+재료

· **달걀** 1개
· **대추토마토** 7개
· **소금** 한꼬집
· **아가베시럽** 1/3작은술
· **오일** 적당량

+재료 준비

대추토마토 : 반으로 자른다.

1 오일 두른 팬에 달걀을 올리고 잘 저어서 스크램블 에그를 만든다.

3 같은 팬에 다시 오일을 두르고, 대추토마토를 넣어 센불에 볶는다.

3 충분히 볶은 토마토에 준비한 스크램블 에그를 합쳐 준 뒤, 소금과 아가베시럽을 넣어 한 번 더 볶아 마무리한다.

tip · 아가와 함께 브런치를 먹으러 외출하기는 많이 어려우니, 주말 오전에 부부가 함께 브런치 메뉴를 집에서 만들어 먹어보세요. 아기용으로 만든 토마토 스크램블 에그에 건강한 호밀빵, 직접 만든 잼을 곁들여 내면 집에서도 훌륭하게 브런치를 즐길 수 있어요.

· 저는 종종 코스트코에서 냉동 유기농 블루베리를 사서 잼을 만들어요. 블루베리에 유기농 비정제설탕을 블루베리 양의 30%가량 섞어준 뒤 실온에 잠시 둡니다. 설탕이 어느 정도 녹으면, 냄비에 올려 중약불에서 뭉근히 끓여주세요. 마지막에 생레몬 반 개 정도 짜서 한소끔 더 끓여주세요. 주걱으로 바닥을 긁었을 때 바닥 긁은 자국이 남아있으면 완성입니다. 설탕 양이 적게 들어가기 때문에 많은 양은 만들지 마세요.

유부달걀말이

+재료

· **달걀** 3개
· **조미유부** 4장
· **오일** 적당량

+재료 준비

달걀 : 알끈을 가위로 잘라 잘 풀어둔다.

조미유부 : 작게 자른다.

1 볼에 달걀과 유부를 넣고 잘 섞어준다.

2 달걀말이 팬에 오일을 둘러 예열한 뒤 달걀물을 붓는다.

3 어느 정도 익으면 뒤집개 모서리를 이용해 달걀물을 동글동글 긁어가
며 몽글몽글 익으면 돌돌 만다.

4 다시 달걀물을 부어 동글동글 긁어가며 몽글몽글 익으면 또 돌돌 말
고를 반복하며 말아준다. 한김 식힌 뒤 먹기 좋은 크기로 잘라 접시에
담아낸다.

tip ・김발을 이용해 완성된 달걀말이 모양을 잡아주고 충분히 식힌 뒤 김발
을 풀어 자르면 단단하고 예쁘게 모양이 잡혀요.

감자옹심이

- **감자** 150그램
- **양파** 50그램(강판에 갈 것) **+양파** 10그램(육수용)
- **소금** 한꼬집
- **다진 마늘** 1/2작은술
- **애호박** 10그램
- **당근** 10그램
- **멀티 육수** 2컵
- **초피액젓** 1/2작은술

+재료 준비

감자 : 껍질을 벗긴 감자, 그리고 양파를 강판에 갈고 채반에 올려 감자 건지와 수분을 분리시킨다. 수분은 20분간 그냥 두면 물과 감자전분이 분리되는데, 윗물은 따라 버리고 아래 하얀 감자전분만 잘 둔다.

육수용 양파 & 애호박 & 당근 : 모두 채 썬다.

1 수분 빠진 감자 건지와 윗물을 따라버린 하얀 감자 전분을 볼에 담고 소금을 넣어 잘 섞어준 뒤, 아기가 먹기 좋은 크기로 동글동글하게 뭉쳐준다.

2 냄비에 분량의 멀티 육수를 붓고 양파, 애호박, 당근, 다진 마늘을 넣어 팔팔 끓인다.

3 팔팔 끓는 육수에 동글동글 굴려놓은 감자를 빠트려 한소끔 끓인다.

4 초피액젓으로 심심하게 간한 뒤 볼에 담아낸다.

tip 감자를 미리 동글게 굴려놓아도 되지만, 육수가 팔팔 끓을 때 스쿱이나 수저를 이용해 바로바로 퐁당 넣어도 돼요. 어른용 감자옹심이는 청양고추를 추가하면 훨씬 맛있어요.

+감자전

+재료
· **감자** 150그램
· **양파** 50그램
· **소금** 한꼬집
· **오일** 적당량

+재료 준비

감자 : 껍질 벗긴 감자와 양파를 강판에 갈고 채반에 올려 감자 건지와 수분을 분리시킨다. 수분은 20분간 그냥 두면 물과 감자전분이 분리되는데, 윗물은 따라 버리고 아래 하얀 감자전분만 잘 둔다. 채반 위에 수분 빠진 감자 건지와 윗물을 따라버린 하얀 감자전분을 볼에 담고 소금 한꼬집을 넣어 잘 섞어준다.

1 오일 두른 팬에 감자 건지 적당량을 올려 앞뒤로 노릇하게 지져낸 뒤, 예쁜 접시에 담아낸다.

tip · 소량 들어가는 양파는 감자전의 맛도 좋게 하지만, 감자의 갈변을 막아주는 효과도 있어요.

· 감자옹심이를 만들 때 함께 만들기 좋은 레시피에요.

닭다리살을 양념해서 미리 재워놓고 소분하여 보관해두면,
그때그때 다양한 요리를 만들기 좋아요. 아래 소개하는 양념
닭다리살을 미리 준비해두면 뒤에 나오는 여러 레시피를 쉽고
편하게 만들 수 있답니다. 아기들 반찬 하나라도
손쉽게 할 수 있게 만든 레시피에요.

+재료

· **닭다리살** 600그램
· **다진 마늘** 1큰술
· **양조간장** 1큰술
· **청주** 1큰술
· **생강가루** 1/2작은술

+재료 준비

닭다리살 : 껍질은 뜯어내고
지방기는 가위로 잘라낸다.

1 재료를 볼에 모두 넣어 조물조물 양념한 뒤 30분 이
상 둔다.

2 양념한 닭다리살은 300그램씩 소분해서 용기에 담
아둔다.

+ 순살치킨

+ 재료

· **양념 닭다리살** 300그램
· **100% 감자전분**
  넉넉한 1큰술
· **튀김용 오일** 적당량

+ 재료 준비

닭다리살+감자전분 : 스텐
볼에 재료를 넣어 조물조물
거린 뒤 5분가량 둔다.

1 170~180도 온도에서 닭다리살을 하나씩 넣어 튀기
   고 채반에 올린 뒤 기름기를 제거한다.

2 10분 뒤 오일 온도를 조금 더 올려 한 번 더 재빨리
   튀겨낸다.

3 키친타올에 올려 기름기를 제거하고 접시에 담아낸다.

+ 닭다리살구이

+ 재료

· **양념 닭다리살** 150그램
· 오일 1큰술
· **아가베시럽** 1/2작은술
· 깨소금 적당량

1 오일 두른 팬에 닭다리살을 넣어 노릇하게 굽는다.

2 마지막에 아가베시럽을 둘러 한 번 재빨리 볶아낸
뒤 깨를 뿌려 접시에 담아낸다.

tip 제가 닭다리살을 양념해서 여러 가지 요리를 만든 것
처럼, 닭 한 마리로 여러 가지 음식을 연결해서 만들
어보세요. 닭은 유기농 매장에 생닭이 들어오는 날 구
입하거나 예약을 해둔 뒤 구입해요.

닭 한 마리 요리

닭 한 마리를 통으로 구입하게 되면, 한번에 다 먹기가 쉽지 않아요. 그래서 저는 닭고기를 잘 삶아 만능 닭육수를 낸 후, 살은 잘 발라내서 냉동 보관을 해요. 보관해둔 육수를 끓이고 찢어놓은 닭살을 넣어 양념하면 다양한 요리를 정말 손쉽게 만들 수 있답니다.

⸨ 닭 한 마리 요리 ⸩

＋ 만능 닭육수

＋재료

· 무항생제 유기농 생닭
· 닭이 잠길 만큼의 물

A
· 통마늘 한줌
· 대파 흰 부분 1대 분량
· 통후추 1큰술

＋재료 준비

닭 : 닭똥집 부분의 기름기를 잘라준 뒤 안쪽까지 흐르는 물에 씻는다.

압력솥으로 만들 경우

1 압력솥에 깨끗이 씻은 닭을 넣고 닭이 잠길 만큼의 물을 부어준 뒤 A재료를 넣는다.

2 압력솥의 뚜껑을 닫고 중불에 둔 다음, 압력추가 올라오면 불을 끈다. 혹은 압력추가 세차게 돌면 1~2분 뒤 불을 끈다.

3 압력이 다 빠지면 뚜껑을 열고 삶은 닭을 꺼낸 뒤, 면보에 육수를 걸러낸다.

무쇠냄비에 만들 경우

1 무쇠냄비에 깨끗이 씻은 닭을 넣고 닭이 잠길 만큼의 물을 부어준 뒤, A재료를 넣고 뚜껑을 연 상태에서 센불로 끓인다.

2 팔팔 끓으면 중약불로 줄이고 뚜껑을 닫은 다음, 40분가량 타이머를 설정한다.

3 40분 뒤 뚜껑을 열고 삶은 닭을 꺼낸 뒤, 면보에 육수를 걸러낸다.

일반 냄비에 만들 경우

1 냄비에 깨끗이 씻은 닭을 넣고 닭이 잠길 만큼의 물을 부어준 뒤, A재료를 넣고 뚜껑을 연 상태에서 센불로 끓인다.

2 팔팔 끓으면 중약불로 줄이고 뚜껑을 닫은 다음, 1시간가량 타이머를 설정한다.

3 1시간 뒤 뚜껑을 열고 삶은 닭을 꺼낸 뒤, 면보에 육수를 걸러낸다.

tip • 이렇게 만든 닭육수는 모든 닭 요리의 베이스로 쓰기도 하지만, 스프를 끓일 때 사용해도 좋고 엄마 아빠 음식인 짬뽕을 만들어도 훌륭합니다. 사용하고 남은 닭육수는 한 번씩 사용할 양(1리터가량)으로 소분하여 냉동 보관한 뒤 급할 때 꺼내 쓰면 좋아요.

• 닭은 뜨거울 때 살을 발라내야 잘 발라져요. 뜨거울 때 닭다리와 닭가슴살, 닭안심 등 살을 분리해서 따로 냉동 보관해두면, 먹기 전날 꺼내서 다양한 요리에 활용할 수 있어요.

+ 누룽지 삼계탕

+ 재 료

· **닭육수** 3컵
· **찹쌀누룽지** 50그램
· **삶은 닭다리** 하나 분량
· **대파 다진 것** 1/2큰술

1 냄비에 닭육수와 찹쌀누룽지를 넣어 팔팔 끓인 뒤 중약불로 줄여 푹 익힌다.

2 접시에 담고 삶은 닭다리를 올린 다음, 대파를 얹어 낸다.

tip · 닭육수를 낸 그 날 바로 해먹는 게 아니라면, 냉동된 삶은 닭다리는 찜기에 한 번 쪄서 따뜻하게 올리세요.

· 닭육수 3컵에 들깨가루 2큰술가량을 넣어 팔팔 끓인 뒤, 닭살 발라낸 것과 약간의 초피액젓을 넣어 끓여 먹여도 고소하고 맛있어요.

+ 아기용 닭개장

+ 재료

· 닭육수 3컵
· 당면 15그램
· 당면이 잠길 만큼의 물
· 대파 초록 부분
  손가락 1마디 분량

A
· 닭살 찢어놓은 것 1/2컵
· 숙주나물 40그램
  (작은 한줌 분량)
· 느타리버섯 40그램
· 초피액젓 1/2작은술
· 다진 마늘 1작은술

+ 재료 준비

숙주나물 : 팔팔 끓는 물에 살짝 데쳐낸 뒤 물기를 꼭 짠다.

느타리버섯 : 길게 찢어 팔팔 끓는 물에 살짝 데쳐낸 뒤 물기를 꼭 짠다.

대파 : 송송 다진다.

당면 : 30분 이상 불린다.

1 볼에 A재료를 모두 넣어 조물조물 거린 뒤 당면 불리는 시간 동안 실온에 둔다.

2 냄비에 닭육수를 붓고 팔팔 끓으면 1을 넣어 한소끔 끓인다.

3 불려놓은 당면을 넣고 당면이 익으면 대파를 넣어 마무리한 다음, 그릇에 담아낸다.

tip 아기용 닭개장에 양념을 해서 엄마 아빠용 닭개장을 만들면, 아이와 함께 든든하게 먹을 수 있어요.

+ 닭죽

+재료

- **닭육수** 3컵
- **닭살 바른 것** 1컵
- **찹쌀** 1/2컵
- **양파** 1/2개
- **당근** 30그램
- **미니 파프리카** 2개
- **달걀** 1개
- **참기름** 적당량
- **깨** 적당량

+재료 준비

양파 & 당근 & 미니 파프리카 : 곱게 다진다.

찹쌀 : 1시간 이상 불린다.

1 냄비에 닭육수, 양파, 찹쌀 불린 것을 넣고 센불에서 끓이다가, 팔팔 끓으면 약불로 줄인 뒤 뚜껑을 덮고 10분가량 찹쌀이 익기를 기다린다.

2 뚜껑을 열고 잘 저어준 뒤 중불로 올린 다음, 당근과 파프리카를 넣어 잘 섞어가며 끓인다.

3 닭살 바른 것과 달걀을 넣어 잘 섞이게 끓인 뒤, 참기름과 깨를 넣어 마무리한다.

tip 닭죽을 한 번씩 먹을 분량으로 소분한 뒤 냉동실에 넣어두면, 급할 때 요긴하게 활용할 수 있어요. 생표고버섯이나 팽이버섯, 대추살 바른 것 등 집에 있는 다양한 재료를 넣어 응용해보세요.

저는 돈가스용 돼지고기를 구입해서 양파, 소금, 후추에 밑간을 한 뒤 소분해서 냉동실에 보관해둬요. 그러면 바로 튀겨 돈가스를 만들기도 좋고, 고기에 양념을 더해서 아기용 돈부리나 돼지갈비를 만들기도 편해요. 돈가스용 돼지고기를 미리 재워두고 그때그때 다양한 요리에 활용해보세요.

+ 재 료

· **돈가스용 돼지고기** 600그램
· **양파** 1개
· **소금** 한꼬집
· **후추** 한꼬집

+ 재 료 준 비

돈가스용 돼지고기 : 밑손질이 되어있는 돼지고기라면 그냥 바로 만들면 되고, 밑손질이 안되어 있다면 돈가스용 돼지고기를 펼친 뒤 무거운 것으로 전체적으로 두드려준다.

양파 : 강판에 간다.

1 볼에 돼지고기와 양파 간 것, 소금, 후추를 넣어 버무려 1시간 이상 둔다.

tip 돈가스용 고기를 양파에 재운 후 소분해서 냉동실에 보관해두면, 그때그때 꺼내어 다양한 요리에 활용할 수 있어요. 냉동 보관할 때는 돈가스 사이에 종이호일을 한 장씩 끼워서 보관하세요.

+ 돈가스

+재료

· 만능 돈가스
  절반 분량(300그램)
· 밀가루 1컵
· 달걀 3개
· 빵가루 2컵
· 튀김용 오일 적당량
· 곁들임 양배추,
  대추토마토 적당량
· 아기밥 1공기

[키위드레싱]
· 키위 1개
· 아가베시럽 1작은술
· 엑스트라 버진 올리브오일
  1/2큰술(믹서에 갈기)

+재료 준비

달걀 : 잘 풀어둔다.

빵가루 : 시판용 빵가루라면
건조하기 때문에 물 스프레
이를 뿌려 약간 촉촉한 빵가
루로 만들어두고, 식빵이나
남은 빵으로 빵가루를 만든
다면 푸드프로세서에 넣어
거칠게 갈아준다.

곁들임 양배추 : 채칼을 이용
해 얇게 채 썬다.

키위 : 믹서에 간다.

1 키위드레싱 재료는 잘 섞어둔다.

2 만능 돈가스는 밀가루, 달걀물, 빵가루 순서로 담가
  튀김옷을 입힌다.

3 오일 온도가 160도가 되면 돈가스를 튀겨낸 다음,
  채반에 올려 기름을 빼준다.

4 아기가 먹기 좋게 썰고 밥, 키위드레싱, 곁들임 채
  소와 함께 담아낸다.

tip 양파에 재운 돈가스를 바로 튀길 때는 돼지고기에 묻
    은 양파를 털어낸 뒤 밀가루를 꼭꼭 눌러 묻히세요.
    냉동 보관된 돈가스로 요리할 땐 냉동 상태의 고기 그
    대로 오일에 튀겨주시면 됩니다.

+ 아기용 돈부리

+ 재료
· 달걀 1개
· 만능 돈가스 1장
· 튀김용 오일 적당량
· 아기밥 1공기

A
· 양파 1/8개
· 멀티 육수 1컵
· 양조간장 1작은술
· 유기농 비정제설탕
  1작은술

+ 재료 준비
양파 : 길게 채 썬다.

돈가스 : 오일에 적당히 구운 듯 튀겨낸 뒤 먹기 좋은 크기로 자른다.

1 냄비에 A재료를 모두 넣어 팔팔 끓인다.

2 달걀 한 개를 넣고 익을 때까지 한 소끔 끓인다.

3 접시에 아기밥을 담고 잘라둔 돈가스를 올린 뒤 완성된 돈부리 소스를 끼얹어 담아낸다.

+ 아기용 돼지갈비

+ 재료

· **만능 돈가스**
   절반 분량(300그램)
· **오일** 적당량

A
· **다진 마늘** 1작은술
· **양조간장** 1작은술
· **유기농 비정제설탕**
   1/2큰술
· **대파 흰 부분**
   1대 분량 다진 것
· **깨 간 것** 1/2큰술
· **참기름** 1/2큰술

+ 재료 준비

만능 돈가스 : 고기에 A 양
념을 넣고 1시간 이상 재워
둔다.

1 오일을 적당히 두른 프라이팬에
   양념된 만능 돈가스를 앞뒤로 노
   릇하게 굽는다.

2 아기가 먹기 좋은 크기로 잘라 접
   시에 담아낸다.

tip 돈가스를 만들기 위해 준비한 고기
   로 아기용 돼지갈비를 함께 만들 수
   있어요. 한 끼 분량씩 먹일 양만큼
   밀폐용기에 담아 냉동 보관한 뒤 먹
   이기 전날 냉장고로 옮기면 돼요.

만능 불고기 양념

아기 음식에 빠져서는 안 되는 게 소고기잖아요. 저는 아이에게
좀 더 다양한 소고기 요리를 만들어주기 위해서 만능 불고기
양념을 미리 준비해둔답니다. 양념한 소고기를 미리 소분해 냉동
보관해두면, 필요할 때 다양한 소고기 요리를 좀 더 쉽고 편하게
만들 수 있어요.

+ 재료

A
· 다진 소고기 300그램
· 양파 1/2개 간 것
· 유기농 비정제설탕 1/2큰술

B
· 양조간장 1큰술
· 대파 흰 부분 다진 것
  1큰술
· 참기름 1/2큰술
· 깨 1/2큰술
· 생강가루 1/2작은술

· 오일 조금

+ 재료 준비

소고기 : A재료를 모두 볼에 섞
어 20분가량 두어 밑간을 한다.

1　밑간한 소고기에 B양념을 모두 넣고 잘 섞는다.

2　오일 조금 두른 팬 위에 1을 넣고 수분 없이 잘 볶아
　준다.

3　1/2컵 분량씩 소분하여 냉동 보관한다.

+ 소고기떡볶이

+ 재료

A
· **떡볶이떡** 1컵
· **다진 마늘** 1작은술
· **양조간장** 1/2작은술
· **아가베시럽** 1/2작은술
· **오일** 1큰술

· **물** 3큰술
· **만능 불고기 양념** 1/2컵
· **대파 흰 부분 다진 것**
  1큰술
· **참기름** 1작은술
· **오일** 적당량

+ 재료 준비

떡볶이떡 : A재료를 볼에 담아 잘 섞어준다.

1 오일 두른 팬에 A를 넣어 중불에서 볶는다.

2 팬에 물을 넣어 볶다가 만능 불고기 양념과 다진 대파를 넣어 다시 한 번 잘 볶아준다.

3 참기름을 뿌려 마무리한 뒤 접시에 담아낸다.

+ 불고기파스타

+ 재료

· **만능 불고기 양념** 1/2컵
· **다진 마늘** 1작은술
· **대파 흰 부분** 1대 분량
· **양파** 1/4개
· **미니 파프리카** 1개
· **파스타면** 30그램
· **파스타 삶을 물**
· **소금** 1작은술
· **엑스트라버진
  올리브오일** 1작은술

+ 재료 준비

양파 & 파프리카 : 비슷한
크기로 다진다.

대파 : 길이로 4등분한 뒤
곱게 다진다.

파스타면 : 팔팔 끓는 물에
파스타 봉지에 나온 시간
보다 2분 정도 빨리 건진 뒤
채반에 올려두고, 파스타
삶은 물은 3큰술가량 남겨
둔다.

1 오일 두른 팬에 다진 마늘, 양파, 대
   파를 넣어 약불에 5분간 볶아준다.

2 만능 불고기 양념과 미니 파프리카
   를 넣어 한 번 더 볶아준다.

3 삶은 파스타면과 파스타 삶은 물을
   넣고 센불에서 휙 끓여준 뒤, 마지
   막에 엑스트라버진 올리브오일을
   넣고 잘 비벼 접시에 담아낸다.

+ 소고기떡국

+ 재료

· 멀티 육수 2컵
· 떡국떡 1컵
· 달걀 1개
· 대파 흰 부분 1/2대 분량
· 만능 불고기 양념 1/2컵
· 초피액젓 1/2작은술
· 김가루 적당량
· 참기름 1/2작은술
· 깨 약간

+ 재료 준비

대파 : 길이로 4등분한 뒤 곱게 다진다.

1 냄비에 육수를 부어 팔팔 끓으면 떡국떡을 넣어 한 소끔 끓인다.

2 만능 불고기 양념과 달걀 하나를 깨서 넣고 끓인다.

3 팔팔 끓으면 초피액젓으로 간한 뒤 대파를 넣어 한 소끔 끓여 접시에 담고, 김가루, 참기름, 깨를 올려 마무리한다.

tip 떡국떡은 유기농 매장에서 냉동 떡국떡을 항상 사서 냉동고에 넣어둬요. 떡국 끓일 때 냉동실에서 꺼내 흐르는 물에 살짝 씻어준 뒤 바로 팔팔 끓는 물에 넣어 끓이면 퍼지지 않고 쫀득하게 떡국을 끓일 수 있어요.

+ 소고기소보로 주먹밥

+ 재료
- **만능 불고기 양념** 1/2컵
- **찐 달걀노른자**
  2개 분량
- **김가루** 적당량
- **참기름** 1작은술
- **아기밥** 1공기
- **깨** 약간

+ 재료 준비
달걀 : 쪄서 흰자 부분은 간식으로 먹이고 노른자 부분만 곱게 체에 내린다.

1 볼에 모든 재료를 다 넣고 고루 섞는다.

2 작은 스쿱을 이용해 동글동글 예쁘게 떠서 접시에 담아낸다.

+ 소고기볶음밥

+ 재 료

· **양파 다진 것** 2큰술
· **당근 다진 것** 1큰술
· **팽이버섯 다진 것** 1큰술
· **만능 불고기 양념** 1/2컵
· **아기밥** 1그릇
· **오일** 적당량
· **참기름** 1방울
· **깨** 적당량

1 오일 두른 팬에 양파–당근 순서로 넣어 볶다가 만
   능 불고기 양념을 넣어 함께 볶는다.

2 따뜻하게 데운 아기밥을 넣어 함께 볶아준 뒤 팽이
   버섯, 참기름, 깨를 넣어 한 번 더 볶아준다.

다진 고기 양념

좀 더 전투적으로 고기를 먹이고 싶은 날! 이럴 때는 다진 고기 양념을 활용해보세요. 소고기와 돼지고기를 섞어 양념한 다음, 소분해서 냉동 보관해두면 고기를 많이 먹어야 하는 날에 좀 더 쉽고 편하게 다양한 요리를 만들 수 있어요.

+ 재료

· **다진 소고기** 300그램
· **다진 돼지고기** 300그램
· **생강가루** 1/2작은술
· **다진 마늘** 1큰술
· **양조간장** 2큰술
· **유기농 비정제설탕** 1큰술
· **양파** 1/2개 강판에 간 것
· **대파 흰 대** 1대
　분량 다진 것
· **참기름** 1큰술
· **깨 간 것** 1큰술

1 볼에 모든 재료를 넣고 잘 치댄 뒤 30분가량 냉장고에 둔다.

2 양념한 전체 양을 3등분(230그램씩)으로 나눈다.

+ 동그랑땡

+ 재료
· **다진 고기 양념** 230그램
· **밀가루** 1/2컵
· **달걀** 2개
· **오일** 약간

+ 재료 준비
달걀 : 볼에 담아 풀어둔다.

1 다진 고기 양념은 아이스크림 스쿱을 이용해 동그랗게 모양을 만든다.

2 밀가루, 달걀물 순서로 옷을 입힌다.

3 오일 두른 팬에 노릇하게 굽고 접시에 담아낸다.

tip 한번에 다 굽고 남은 건 냉장고에 보관하였다 며칠 뒤 반찬으로 데워주세요.

+ 육전

+재료
· **다진 고기 양념** 230그램
· **달걀** 1개
· **100% 감자전분** 1큰술
· **오일** 약간

1 볼에 다진 고기 양념과 달걀, 감자전분을 담고 잘 치대준다.

2 오일 두른 팬에 조금씩 덜어 납작하게 굽고, 예쁜 접시에 담아낸다.

tip 한번에 모두 구운 뒤 한 번 먹을 분량씩 덜어 냉장 보관하세요.

+ 고기볶음밥

+ 재 료

· **다진 고기 양념** 80그램
  (소분된 230그램의 1/3
  분량)
· **달걀** 1개
· **오일** 약간
· **참기름** 약간
· **깨** 약간
· **아기밥** 1공기
· **김가루** 조금

1 오일 두른 팬에 달걀을 넣어 스크램블 에그를 만든 뒤
  접시에 담는다.

2 오일을 조금 더 두르고 다진 고기 양념을 넣어 볶는다.

3 아기밥과 스크램블 에그를 넣어 잘 섞어가며 볶아준다.

4 참기름과 깨를 뿌려 마무리한 뒤 접시에 담아 김가루
  를 올려낸다.

tip 소고기 간 것에 간장양념(양조간장 : 당류 = 2 : 1)을 하
   여 소분한 뒤 냉동해두면, 급할 때 꺼내 달걀물과 감자
   전분을 넣어 육전을 만들기도 하고, 마른 팬에 볶아 떡
   국 위에 꾸미로 올려 먹어도 좋아요. 볶음밥을 만들거나
   김밥에 넣어 먹이기도 좋으니, 고기 섭취를 많이 해야
   하는 아기들에게 여러 가지로 응용해서 먹여보세요.

고구마전

+재료

- 고구마 2개
- 부침가루 1컵
- 오일 적당량

A
- 탄산수 적당량
- 부침가루 2컵

+재료 준비

고구마 : 껍질을 벗긴 뒤 1cm 두께로 잘라 물에 20분가량 담갔다가, 채반 위에 올려 물기를 제거한다.

부침가루 : 1컵 분량의 부침가루는 비닐봉지에 넣어 둔다.

A 재료 : 볼에 부침가루를 담고 차가운 탄산수를 부어서 잘 개어준다. 주르륵 흐르는 농도로 만들어준다.

1 봉지에 넣어둔 부침가루에 고구마를 붓고 봉지를 꽉 잡고 흔들어서 고구마에 부침가루를 고루 묻힌다.

2 가루가 고루 묻은 고구마를 A에 넣어 푹 적셔준다.

3 오일 두른 팬에 앞뒤로 노릇하게 구워준다.

tip • 오일 두른 팬에 구울 때는 중약불에 안쪽까지 푹 익게 천천히 구워주세요.

• 고구마를 잘라 밥할 때 넣으면, 손쉽게
고구마밥을 만들 수 있어요. 아이들이
밥을 잘 안 먹을 때 해주면 좋답니다. 수
분이 많은 호박고구마로 할 경우, 평소
밥하던 물의 양을 조금 덜어내고 밥을
지으세요. 그리고 제철에 맞게, 옥수수
를 알알이 뜯어 옥수수밥을 해먹이거나
간 밤을 넣어 밤밥을 해먹여도 좋아요.

군고구마 찹쌀전

+ 재료
- 군고구마 1개 반
- 찹쌀가루 2큰술
- 꿀 1/2큰술
- 오일 적당량

+ 재료 준비
군고구마 : 껍질을 벗기고
채반을 이용해 곱게 내린다.

1 볼에 잘 으깬 군고구마와 찹쌀가루,
   꿀을 넣고 잘 섞는다.

2 수저나 작은 사이즈 아이스크림 스쿱
   을 이용해 동그랗게 모양을 만든다.

3 오일 조금 두른 팬에 앞뒤로 납작하
   게 노릇하게 굽고, 접시에 담아낸다.

+ 재료

· 찐 고구마 껍질 벗겨 1컵
· 유기농 우유 1컵
· 꿀 1큰술

1 믹서에 모든 재료를 넣고 간 뒤, 컵에 담아준다.

tip 아기와 함께 외출할 일이 있거나 카페를 갈 때, 테이크아웃 컵에 담아 가지고 나가면 좋아요.

331

율란

+ 재료

· **밤** 20개
· **꿀** 1큰술

+ 재료 준비

밤 : 껍질 벗긴 밤은 김 오른
찜기에 푹 찐다.

1 단단한 수저나 도구로 밤을 으깨어준 뒤, 채반에 올
  려 곱게 내린다.

2 곱게 내린 밤에 꿀을 넣어 잘 섞어준다.

3 동글동글 꼭꼭 눌러 아기가 집어 먹어도 부서지지
  않게 모양을 잡아 예쁜 접시에 담아낸다.

tip   바로 먹일 분량을 제외한 나머지는 밀폐용기에 담아
      냉장고에 보관하세요.

단호박 백설기

· **쌀가루** 1컵
· **소금** 한꼬집
· **유기농 비정제설탕** 1작은술
· **쪄서 손질한 단호박**
  100그램

+재료 준비

단호박 : 찜기에 찐 단호박은
잘 으깨준다.

1 볼에 쌀가루와 으깬 단호박, 소금, 설탕을 넣어 손
　으로 비벼가며 고루 섞는다.

2 작은 스테인리스 용기에 꼭꼭 눌러 담은 뒤, 김 오른
　찜기에 20분간 찌고 5분간 뜸 들인다.

바삭동글 치즈볼

+ 재료
· 유기농 아기치즈 1장
· 종이호일

+ 재료 준비
아기치즈 : 16등분한다.

1 16등분한 아기치즈는 종이호일에 간격을 넓게 띄워 올린다.

2 전자레인지에 1분 30초 돌린 뒤, 하나하나 떼어서 예쁜 볼에 담아준다.

tip 종이호일에 간격을 많이 띄워 놓지 않으면 치즈가 녹으며 옆의 치즈랑 달라붙어요.

+ 재료

· **팝콘용 옥수수** 100그램
· 오일 2큰술
· 소금 한꼬집

1 지름 16cm 가량 되는 뚜껑 있는 냄비에 오일을 두르고, 옥수수를 바닥에 고루 깐 뒤 소금을 고루 뿌린다.

2 뚜껑을 덮고 중불에서 탁탁 소리가 나기 시작하면, 약불로 줄여 탁탁탁 소리가 끝날 때까지 그대로 둔다.

3 소리가 멈추면 뚜껑을 열고 채반 위에 올려두고 먹는다.

tip 유기농 매장에서 팝콘용 옥수수를 구할 수 있어요. 'non gmo' 옥수수로 팝콘을 튀겨주세요. 제가 추천한 다큐 〈옥수수의 습격〉 보셨지요? ^^ 한 번 튀길 때 100그램의 분량으로 튀기는 걸 추천해요.

고구마 새알심
조청구이

+ 재 료

· **군고구마** 1개
· **새알심** 7개
· **조청** 적당량
· **볶은 콩가루** 1큰술

+ 재료 준비

군고구마 : 껍질을 벗기고 작은 수저나 작은 아이스크림 스쿱을 이용해 동그랗게 모양을 만든다.

새알심 : 팔팔 끓는 물에 익힌 후 찬물에 헹구고 채반 위에 올려 물기를 뺀다.

오븐 : 180도로 예열한다.

1. 오븐에 들어가는 접시에 군고구마와 새알심을 올리고 조청을 뿌린 뒤, 예열한 오븐에 5분가량 돌린다.

2. 볶은 콩가루를 곁들여 낸다.

tip 두레생협이나 유기농 매장에서 팥죽용 새알심을 구입해서 냉동실에 넣어두고 간식으로 종종 해먹어요. 새알심이 없다면 유기농 떡볶이떡을 1cm 크기로 잘라 동일하게 만들면 됩니다.

조청에 찍어먹는 가래떡구이

+ 재료
· 유기농 떡볶이떡 1컵
· 조청 1큰술

1 떡볶이떡을 마른 팬에 올리고 약불
에 앞뒤로 굴려가며 10분가량 노릇
하게 굽는다.

2 예쁜 접시에 조청과 함께 담아낸다.

tip 냉동실에서 보관해두었던 떡볶이떡
을 흐르는 물에 씻어 그대로 구우면
돼요.

쫄깃한
찹쌀누룽지

+ 재료

· 쌀+찹쌀(5:5 비율)

1 쌀과 찹쌀을 섞어 평소처럼 밥을 한 뒤 예열
한 팬 위에 넓게 꾹꾹 0.5~0.8cm 두께로 펼
쳐 올린다. 중간중간 물을 소량 발라가며 펼
쳐 올리면 더 편하다.

2 약불에 계속 익히며 30~40분가량 두면, 바닥
면이 자연스럽게 뜨는데 이때 뒤집어준다.

3 반대쪽으로 뒤집은 뒤 20분 이상 두면 누룽지
가 완성된다.

tip 이렇게 공들여 만들어둔 찹쌀누룽지만 있으면
밥해 먹을 시간이 없을 때 귀한 식량이 될 거예
요. 찹쌀이 들어가서 엄청 쫄깃하고, 사먹는 누
룽지와는 차원이 다르답니다.

돌쯤 사용하는
식재료 이야기

돌쯤 되면서 서서히 사용하게 되는 식재료들 중, 제가 구입할 때 중요하게
생각하는 몇 가지가 있어요.

• **우유 및 유제품** : 풀 먹고 자란 소에서 짜낸 우유를 구입해서 먹어요.

• **버터** : 풀 먹고 자란 소에서 짜낸 우유로 만들어진 버터를 사용하세요. 항
상 강조하는 이유는 아무리 말로 설명해도 부족하기 때문이죠. ^^ 제가 추
천한 다큐멘터리를 보면 왜 유제품이나 고기 등은 무조건 유기농을 먹어
야 하는지 알 수 있어요.

- **달걀** : 무항생제 달걀을 구입합니다. 항생제에 노출되지 않은 닭이 낳은 달걀을 구입해서 먹도록 해요.

- **오일** : 보통은 유기농 매장에서 판매하는 현미유를 이용하고, 현미유 공급이 안 될 때는 유리병에 든 포도씨유를 구입합니다.

- **참기름 & 들기름** : 유기농 매장에서 구입해요.

- **옥수수차** : 두레생협 옥수수차를 이용합니다.

- **팝콘용 옥수수** : 두레생협에서 구입해요.

- **초피액젓** : 한비 이유식의 모든 간은 초피액젓으로 하고 있어요. 와촌식품에서 구입합니다.

- **조청** : 와촌식품에서 구입해서 먹어요.

- **설탕** : 아이허브에서 유기농 비정제설탕을 사서 먹어요.

- **아가베시럽** : 아이허브에서 판매하는 'non gmo' 아가베시럽을 이용합니다.

- **쌀 및 그 외 곡류** : 유기농 매장에서 구입해서 먹어요.

- **간장** : 두레생협 양조간장을 구매해요.

알레르기
이야기

이유식 초기 단계에서 아기의 식품 알레르기 반응을 유의 깊게 살펴보세요. 저는 돌 이후쯤 한비에게 견과류 알레르기가 있는 걸 알게 되었어요. 그리고 그때쯤 동물털 알레르기가 있는 것도 알게 되어, 그 두 가지를 조심하며 한동안은 아무 문제 없이 살았죠.

그러다 6살 이후 한비에게 알레르기 반응이 너무 심하게 나타나 알레르기 검사를 하게 되었는데, 몇 년 동안 아무렇지 않게 먹었던 식재료에 반응이 나와 당황했던 기억이 있어요. 아이의 면역력이 떨어지면 종종 이런 경우가 생기기도 한다고 하네요.

아이에게 알레르기 반응이 꾸준히 올라오면, 알레르기 검사를 해보세요. 엄마가 알고 있으면 피할 수 있지만 모르면, 아이는 계속 알레르기에 고통 받아야 하니까요.

한비의 음식항원검사결과는(수치 0-6)
유제품 알레르기 수치 1
견과류 알레르기 수치 2
나머지 식품 (대두, 달걀, 해산물, 밀) 수치 0
흡입항원검사결과 (집먼지 진드기, 애완동물, 꽃가루)
평균의 114배 위험수치

안 먹이면 되지, 라고 생각했지만 조금 놀라운 점을 알게 되었어요. 견과류가 우리가 흔히 알고 있는 너트류만 해당되는 게 아니라는 거예요. 나무열매도 견과류에 포함이 되는 걸 알고 계셨나요? 밤, 잣, 깨… 모두 견과류에 포함되어 깨, 들깨, 참기름, 들기름 모두 조심해야 했답니다. 그리고 한비의 검사결과에서는 나오지 않았지만 표고버섯 알레르기라는 독한 알레르기도 있어요. 고양이가 할퀸 자국처럼 긁은 자국이 부풀어 오르는데, 한비에겐 표고버섯 알레르기가 있답니다.

알레르기가 올라오는 모든 음식을 아무리 조심해도 매일 올라오는 알레르기 피부 반응에 머리가 찌릿해졌을 때쯤, '혹시 매일 기본베이스로 사용하는 육수에 들어간 표고버섯 때문인가?'라는 의심을 하게 되었고, 그날 이후 표고버섯을 제외한 육수를 사용하니 알레르기 피부 반응이 나타나지 않은 거예요.

알레르기가 있는 아기라면, 엄마가 몸에 올라오는 반응을 정말 유심히 관찰해주세요.

그리고 한비에게 가장 치명적인 알레르기는 흡입알레르기였답니다. 일반 아가들에 비해 114배 이상의 수치가 나왔어요. 집안 침구류부터 옷에 있는 먼지, 그리고 외출할 때 미세먼지 및 꽃가루,

그리고 강아지나 고양이의 털까지. 신경 써야 할 부분이 한두 가지가 아니었지요.

면역체계를 키워 수치를 낮추는 게 목적이지만, 정상 수치의 아가들보다 신경을 몇 배로 써야 하는 건 사실이니까요.

집에서 엄마로서 해줄 수 있는 점은 청소를 자주 하고 이불 빨래를 자주 해주는 것. 최대한 피부가 이불이나 먼지에 노출되지 않게 해주는 것. 그래서 생각지도 못했던 가스 건조기라는 걸 샀어요. 이불 빨래를 해서 고온의 건조기 속에서 바싹 마른 침구를 보고, 그리고 침구에서 나온 먼지들이 잔뜩 붙어있는 먼지방을 보니 그나마 지금까지 고통 받던 먼지에서 조금이라도 해방이 되겠구나 싶어 너무 감사했습니다.

이유식과 유아식 기간 동안, 정말 지치지도 않고 부지런히 건강한 식재료로 해먹이다가 5살 이후 외식으로부터 조금 자유로워졌었는데요, 아마도 그때부터 조금씩 한비에게 몸의 균형이 깨졌던 것 같아요. 알레르기 반응이 나오고 병원을 다니면서 많이 깨달았어요. 의식주 중 '식'에 해당하는 먹는 것에 더 신경을 써야겠구나 라고 말이죠. 엄마로써 많이 반성했답니다.

좋은 식재료, 건강한 식재료로 아이의 면역체계와 몸을 더 단단하게 만들어주세요.

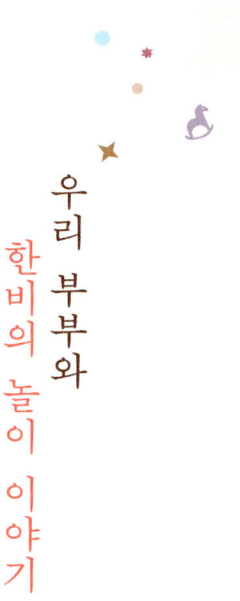

우리 부부와
한비의 놀이 이야기

한글낱말카드로 스토리텔링

우연히 구입했던 한글낱말카드(예를 들어 세탁기 그림 아래 '세탁기'라고 써 있는 카드)가 있었어요. 아이의 한글교육에 대해서는 뒤에 좀 더 자세히 얘기하겠지만, 저는 한글을 통글자로 노출시키고 싶지 않아 구석에 두었었는데요. 한비 아빠가 한비와 놀아주는 것을 유심히 보게 되었어요.

　　낱말카드를 그림 방향으로 두고 일자로 펼쳐둔 뒤 그림에 맞게 스토리를 만들어 엮어주는 거예요. 한비는 아빠의 이야기를 유심히 귀 기울여 들은 뒤 자기도 이야기를 구성하게 되는 거지요. 꽤 오랜 시간 부녀가 그렇게 놀이하는 모습을 보니, '아, 저렇게 아이의 생각을 키워주는 것도 좋은 방법이겠구나….' 하는 생각이 들었답니다.

블록

블록은 여러 종류가 있지요. 저희 집엔 어른들이 가지고 노는 보드게임 종류도 여러 가지 있어서, 가끔 젠가를 꺼내 한비 하나 엄마 아빠 하나 세워가며 도미노를 하고 놀기도 했어요. 그리고 레고 듀플로 중에서 박스에 블록으로만 구성된 제품이 있어요. 그걸로 창의적으로 엄마 아빠와 함께 무언가를 만들기도 했지요. 누가 더 길게 높게 쌓아올리나 하는 게임을 하기도 하고 길고 높게 쌓은 블록을 자유롭게 망쳐버리게 도와주기도 했어요. 블록이 옆으로 쏟아지면 아쉬워하지 않고, "괜찮아, 괜찮아 또 만들면 되지." 하고 함께 웃어버리는 거죠. 지나고 보니 이게 너무 좋았던 것 같아요. 성취감을 느끼게 하는 것도 좋지만, 중간에 실수를 하더라도 웃어넘기는 법을 배운 것 같아서요.

한 가지 장난감을 사면 정말 오래도록 이렇게 저렇게 다양하게 잘 가지고 놀았고, 그 계기는 늘 아빠가 만들어주었지요. 그리고 무엇보다 외출 시 원한다고 무엇이든 다 사주거나 하지 않았답니다. 이렇게도 가지고 놀 수 있고, 저렇게도 가지고 놀 수 있다는 걸 늘 아빠가 함께 놀아주며 알려줘서 그랬던 것 같아요.

실 꿰기

돌쯤 선물 받았던 실 꿰기는 몇 년 동안 집중하며 잘 가지고 놀았던 아이템인데요, 처음엔 어려워하던 실 꿰기를 스스로 하나씩 잘해나갈 수 있게 되면서 아이에게도 큰 성취감으로 다가왔던 것 같아요. 하다가 엉키기도 하고 엉망으로 되기도 하지만 늘 칭찬해주었고, 마무리는 항상 함께 이야기를 나누며 실을 다시 원래대로 풀었어요. 그러고 보니 한비는 뭐든 아빠와 함께, 엄마와 함께하는 생활에 익숙한 아이였네요. 소근육 발달에도 자극을 주었던 놀이

감이었던 것 같아요.

산책
아이에게 무엇보다 즐거운 시간은 놀이터에서 뛰어놀고 산책하는
시간이지요. 산책하며 비누방울도 불고 도란도란 이야기를 나누는
시간이 저희 가족에겐 꿀 같은 시간이었어요.

한비가 제일 높게
쌓을래요!

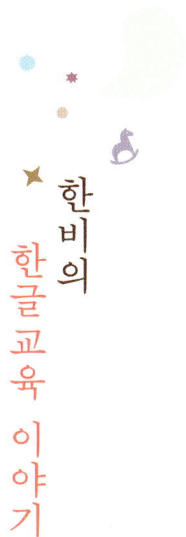

한비의
한글교육 이야기

한비는 어린이집 외에 다른 수업을 받은 적이 없어요. 엄마가 그런 쪽으로 부지런하지 못해서일 수도 있지만, 저희 부부에게는 나름의 원칙이 있었거든요. 아이의 발달 상황에 초조해하지 않고, 흘러가는 대로 물 흐르듯 아이가 원하는 방향을 잘 캐치해서 지켜봐주기. 어떠한 강요 없이, 특별한 수업 없이, 마음껏 뛰어놀 수 있게 도와주기.

사실 한비는, 만 17개월이 되던 날 처음으로 걷기 시작했고 말도 다른 아가들보다 늦게 시작한 아기였어요. 그래도 조급함이나 '왜 우리 아가는 안 하지? 우리 아가는 언제쯤 할까?'에 대한 의문이나 궁금증은 단 한 번도 없었답니다.

할 때 되면 하겠지, 라는 마음이 방관은 아니었어요. 그만큼 많이 대화를 나누고 이야기해주고 지켜봐주려고 노력하다 보니, 때가 되면 할 거란 믿음이 있었던 거죠. 아이가 궁금해 하고 관심을 가지면, 그때 그 부분을 시원하게 풀어주자, 했던 거죠.

2013년 7월, 더웠던 어느 날, 〈한글 아는 엄마 수업〉이라는 걸 듣게 되었습니다. 그 수업 내용으로 인해 한비가 한글에 대해 궁금해 하면 어떤 방법으로 알려주면 좋겠다, 정도의 생각을 가지게 되었어요. 통글자로 한글을 가르쳐주는 것보다는 자음과 모음의 개념으로 알려주고 싶다고 생각했어요. 다만, 아이가 궁금해 하고 원할 때만 말이죠.

그러던 중 한비가 4살쯤 호주로 조금 긴 여행을 떠났을 때, 유심히 눈여겨보던 《놀이로한글》이라는 블록이 한국에서 출시되었다는 소식을 접했어요. 한국으로 돌아오자마자 가장 먼저 했던 일이 《놀이로한글》 블록과 《놀이로한글》 책을 샀던 일 같네요. 돌이켜 생각해보면, 그때 블록과 책을 사지 않았다면, 한비가 한글을 어떻게 이해하고 어떻게 스스로 깨우쳤을까 싶습니다.

어떤 물건을 살 때, 시기적절한 타이밍이 있기 마련인데, 혹시라도 조금 이르게 구입한 아이 물건들은 잘 보관해두세요. 미리 노출시키는 것보다 시기적절한 타이밍에 꺼내어 노출시켜주는 것이 또 하나의 좋은 방법이 될 수도 있는 것 같아요.

아무튼, 자음과 모음이 따로 나뉜 블록과 책이 도착했고, 책 안에 들어있던 한글 노래 CD를 차에서 틀어주기 시작했어요. 모음과 자음을 분리해서 노래한 한글 노래인데, 한 번 마음에 드는 노

제품 구입 : www.jangcha.com

래는 계속 반복적으로 틀어주길 원하는 한비여서 최소 200번 이상 반복적으로 외출할 때마다 들려주었던 것 같아요.

예를 들어 노래 가사는 이러해요.

ㅁ에 꽃게다리가 붙으면 ㅍ
ㅇ이 모자 쓰면 ㅎ
ㄴ이 인사하면 ㄷ

'아야어여 오요우유 으이', 이런 식으로 자음과 모음을 분리한 노래죠. 이렇게 무한반복으로 한글 모음 자음 관련 노래를 들었던 것이 엄마 아빠의 큰 도움 없이 한글을 혼자 읽고 쓰게 된 아주 큰 계기가 되었다고 생각해요. 통글자의 개념으로 알아가게끔 하는 책들은 시중에 많이 나와 있지만 자음 모음을 따로 알려주는 책은 영 찾기 쉽지 않아요. 그래서 저는 이 책이 참으로 고맙고 그래요.

블록 놀이와 노래로 자음과 모음에 대해 알게 된 이후, 한비가 궁금해 할 때마다 자음과 모음을 분리해서 알려주었답니다. 한비는 그때쯤 한글에 대한 호기심을 이렇게 저에게 질문하곤 했어요.
"엄마, 한비는 어떻게 쓰지?"
그러면 저는 어린이집에서 자연스레 배워 오는 통글자를 자음과 모음으로 모두 찢어서 하나하나 따로 알려주었어요.
"'ㅎ'에 'ㅏ' 친구가 붙으면 '하'가 되는 거야. 그리고 'ㄴ' 친구가 아래 같이 놀러왔네? 그러면 'ㅎ ㅏ'에 'ㄴ'이 붙어 '한'이 되는 거지."
이게 어려울 것 같은데, 한비에겐 오히려 자음과 모음이 머릿

속에 따로 인식되어 있어서인지, 재미있어하고 쉬워하더라고요.

그러다 한비의 네 돌 생일 때, 바바파파 책 7권을 선물 받았어요. 매일 밤마다 책을 읽어달라고 이야기하는 한비에게 똑같은 책 하나를 밤마다 읽어주었는데, 그 책에 완전히 푹 빠져서 엄청나게 봤던 것 같아요. 딱 한 권의 책을 무한반복으로 본 거죠.

바바파파 책을 보면 맨 첫 페이지에 바바파파 캐릭터가 소개되어 있어요. 그걸 한비가 매일 술술 읽기에 캐릭터를 외워 읽는 줄 알았는데 어느 날 제가 바바벨 캐릭터를 가르키며, "한비야, 얘는 누구야?"라고 물으니 캐릭터만으로는 누군지 몰라하더라고요. 그러더니 맨 앞 장으로 다시 돌아가, 캐릭터 설명이 나와 있는 곳을 펼치더니 "바, 바, 벨!" 이렇게 따로 읽는 거예요.

'아, 한비가 캐릭터를 외우고 있는 게 아니고 한글을 읽는 거구나.'

사소한 아이의 발달 상황을 재빨리 캐치하다 보면, 아이가 앞으로 궁금해 하고 목말라하는 부분을 조금 더 시원하게 해결해줄 수 있어요.

읽을 수 있는 한글이 많아졌을 때쯤에는 혼자 방으로 들어가 아가 때 봤던 책(글씨 크고 글줄이 적고 한비가 읽을 수 있는 수준, 예를 들어 《달님 안녕》 같은 책) 을 혼자 앉아서 또박또박 30~40분 동안 읽기 시작했어요. 혼자 책을 읽기 시작하면서 한비에겐 큰 성취감(?) 같은 게 생긴 것 같아요. 그때쯤부터 한글을 읽는 속도가 놀랍게 발전했고요. 신기했어요. 이렇게 아이가 뭔가를 알아가고 스스로 찾아간다는 게 말이죠.

한글 수업이나, 그런 건 애초에 생각도 해본 적이 없던 부분이라 누군가 저에게 물어 본다 하더라도, 그건 엄마의 선택이라고 말해줄 수밖에 없네요. 하지만 이제 걷고, 이제 말하고, 이제 세상에 대해 무언가 알아가는 아가 때부터 뭔가를 배워야 하는 상황으로 만드는 게, 제 개인적으로는 싫었어요.

아이를 키우다 보면, 주변의 이야기가 너무 많아요. 내 아이인데, 내가 키우는 아이인데 이렇게 해라 저렇게 해라는 주변의 말들. 전 귀가 얇은 편인데도, 신기하게 한비를 키우는 데 있어서만큼은 한 번 생각한 부분들을 끝까지 변하지 않고 지켜왔던 것 같아요.

아이의 눈높이에서 아이의 기준으로 항상 생각하다 보면, 아이가 커가며 변화하는 상황에 가장 잘 맞춰 키울 수 있지 않을까 해요. ︿︿

이 책을 만드는 동안, 옆에서 "엄마의 세 번째 책이 정말 나오는 거예요? 엄마, 내가 이거 도와줄까요?" 하고 종알거리며 도와준 저의 알토란같은 알맹이 한비에게 "한비야, 엄마가 정말 정말 많이 사랑해!"라고 이야기하고 싶어요. 책이 나오고 이 글을 보면 너무 신이 나서 어쩔 줄 몰라하겠죠. ^^

우리 한비가 커서 결혼을 하고 아이를 낳으면 그때 저는 꼭 이 책을 잘 두었다 선물할 거랍니다. 아, 생각만 해도 벌써 마음이 몽글몽글하네요.

책을 준비하는 일 년 동안, 늘 한결같이 조용히 한비와 함께 시간 보내주었던 남편, 말로 표현은 안 했지만 정말 고마웠어요. 사랑해요.

늘 곁에서 응원이 되어주고 저의 든든한 뒷받침이 되어주는 우리 가족, 정말 사랑하고 감사합니다.

책이 세상에 나올 수 있게 한비와 저를 많이 사랑해주신, 많은 분들께도 진심으로 감사한 마음 전하고 싶습니다.

한비네 집 하마 입 이유식

초판 1쇄 발행 | 2016년 12월 1일
초판 2쇄 발행 | 2016년 12월 10일

지은이 | 이현정
발행인 | 이원주

임프린트 대표 | 김경섭
기획편집 | 김순란 · 강경양 · 한지은 · 정인경
디자인 | 정정은 · 김덕오
마케팅 | 노경석 · 조안나 · 이유진
제작 | 정웅래 · 김영훈

발행처 | 미호
출판등록 | 2011년 1월 27일(제321-2011-000023호)

주소 | 서울특별시 서초구 사임당로 82
전화 | 편집 (02) 3487-1151 · 영업 (02) 3471-8046

ISBN 978-89-527-7733-1 13590